GERENCIAMENTO DE TEMPO

Principais Habilidades E Estratégias Para Melhorar Sua Produtividade Diária

(O Que Faria Com Uma Hora Extra Hoje?)

Fred Lien

Traduzido por Daniel Heath

Fred Lien

*Gerenciamento De Tempo: Principais Habilidades E
Estratégias Para Melhorar Sua Produtividade Diária (O Que
Faria Com Uma Hora Extra Hoje?)*

ISBN 978-1-989853-02-3

Termos e Condições

De modo nenhum é permitido reproduzir, duplicar ou até mesmo transmitir qualquer parte deste documento em meios eletrônicos ou impressos. A gravação desta publicação é estritamente proibida e qualquer armazenamento deste documento não é permitido, a menos que haja permissão por escrito do editor. Todos os direitos são reservados.

As informações fornecidas neste documento são declaradas verdadeiras e consistentes, na medida em que qualquer responsabilidade, em termos de desatenção ou de outra forma, por qualquer uso ou abuso de quaisquer políticas, processos ou instruções contidas, é de responsabilidade exclusiva e pessoal do leitor destinatário. Sob nenhuma circunstância qualquer, responsabilidade legal ou culpa será imposta ao editor por qualquer reparação, dano ou perda monetária devida às informações aqui contidas, direta ou indiretamente. Os respectivos autores são proprietários de todos os direitos autorais não detidos pelo editor.

Aviso Legal:
Este livro é protegido por direitos autorais. Ele é designado exclusivamente para uso pessoal. Você não pode alterar, distribuir, vender, usar, citar ou parafrasear qualquer parte ou o conteúdo deste ebook sem o consentimento do autor ou proprietário dos direitos autorais. Ações legais poderão ser tomadas caso isso seja violado.

Termos de Responsabilidade:
Observe também que as informações contidas neste documento são apenas para fins educacionais e de entretenimento. Todo esforço foi feito para fornecer informações completas precisas, atualizadas e confiáveis. Nenhuma garantia de qualquer tipo é expressa ou mesmo implícita. Os leitores reconhecem que o autor não está envolvido na prestação de aconselhamento jurídico, financeiro, médico ou profissional.

Ao ler este documento, o leitor concorda que sob nenhuma circunstância somos responsáveis por quaisquer perdas, diretas ou indiretas, que venham a ocorrer como resultado do uso de informações contidas neste documento, incluindo, mas não limitado a, erros, omissões, ou imprecisões.

Índice

parte 1 1

Introdução: 2

O Que É O Gerenciamento Do Tempo? 2

O Tempo Está Do Seu Lado 4
Rotina Semanal Atual 6
Pedras, Britas E Areia: Partes Da Matriz 12
Como Pedras, Britas E Areia Estão Presentes Em Nossas Vidas 13
Vida Ideal 15
Vida Ideal 17
Vida Real 17
Pedras 17
Codificação Por Cores: Uma Olhada É Tudo De Que Você Precisa 18
Vida Real 20
Análise 21
Identificando Distrações 23
Encurralado(A) Por Distrações 25
Por Que O Foco É Uma Habilidade Que Precisa Ser Refinada . 28
Meditação 30
Exercícios 32
Desligando-Se 33
Classificando As Listas De Afazeres 35
Como Sber Quando Fazer Tarefas "Não Importantes/Sem Urgência" 36
Onde Manter Listas De Afazeres 37
Por Que Precisamos De Rotinas? 38
Criando Um Ritual Para Dormir 39
Criando Um Ritual Para As Manhãs 41
Meu Ritual Diurno Pessoal 42
"Eu Não Posso" Vs. "Eu Não Quero": Quão Importantes São Suas Pedras? 44
Liste Suas 168 Horas Com Uma Visão 47

DISTRAÇÕES DE ROTINA 49
PROGRAMANDO DESPERDÍCIOS DE TEMPO 51
DOIS EM UM: MULTI-TAREFA 52
DELEGANDO 53
NEGOCIANDO CONSIGO MESMO 55
JÁ CHEGAMOS LÁ? 59
IMPLEMENTANDO ESTAS IDEIAS 65

Parte 2 81

Introdução 82

Capítulo 1: Organiza Os Teus Espaços 84

Capítulo 2: Organiza A Tua Cabeça 91

Capítulo 3: Elabora Um Horário 100

Capítulo 4: Estabelece Prazos Para Atingir Os Teus Objetivos
.... 107

Capítulo 5: Simplifica A Tua Rotina 114

Capítulo 6: Evita Distrações 123

Capítulo 7: Planifica 132

Capítulo 8: Acorda Mais Cedo 139

Capítulo 9: Experimenta Com A Tua Rotina 145

Capítulo 10: Sê Flexível 150

Conclusão 158

Parte 1

Introdução:
O que *É* o gerenciamento do tempo?

Gerenciamento do tempo. Ou ouvimos o termo de vez em quando ou frequentemente, dependendo de quem passa o tempo conosco e o que costumamos ler ou escutar. O que É o gerenciamento do tempo, afinal? Não podemos controlar o tempo. Independentemente do que fazemos da vida ou como escolhemos vivê-la, o tempo passa da mesma forma. Não podemos entortá-lo ou manipulá-lo com nossas próprias mãos; não podemos estender o número de horas ou minutos em um dia. Também não podemos GASTAR tempo da forma que fazemos com o dinheiro, embora ouçamos essa expressão o tempo todo. Como o tempo se torna algo que possa ser usado em nossa vantagem?

O que podemos fazer é USAR o tempo. Para viver a vida da melhor forma, ser o mais feliz possível e alcançar grandes feitos para nós mesmos e para os outros, precisamos achar formas de usar o tempo efetivamente. Isso garantirá a eficiência total de cada minuto que temos a bênção de passar enquanto estamos na Terra. Isso é conquistado usando várias estratégias diferentes, e as mais importantes serão cobertas nesse livro de forma fácil de compreender e simples de praticar.

Implementar ativamente as dicas a seguir te levarão a viver a vida que você sempre quis ter, desde que tenha uma boa reserva de vontade misturada com motivação, e pelo menos um copinho cheio de ambição. Se quisermos reduzir nossos costumes diários que estressam, nos desorganizam e apressam (você sabe a intensidade com que bate um coração quando está preso(a) no trânsito, atrasado(a) para uma reunião ou evento muito importantes, assim como eu já soube), precisamos ser mestres no uso eficiente e efetivo do nosso tempo.

Dica #1:

O que te mantém tão ocupado(a)?

O tempo está do seu lado

Examine sua rotina semanal atual. Se você não tem uma, está começando bem com este livro. É CRUCIAL começar com sua rotina atual, caso contrário não será possível monitorar ou reconhecer os progressos que você pode ir alcançando.

Por este motivo, use uma semana de domingo até sábado para escrever o que você faz a cada minuto de cada dia. Isso inclui a hora que você vai dormir, quanto você dorme por noite, que horas você acorda, sua rotina durante a manhã, suas atividades e quanto tempo elas consomem, a comuta para o trabalho e o que você faz durante esse tempo, e assim vai. Também registre quando você checa suas redes sociais, por que e por quanto tempo.

Todo minuto do dia conta. Pode parecer um pouco rígido agora, e sim, é uma exigência grande se você já não tiver uma rotina documentada e não for o tipo de pessoa que mantém as coisas registradas. Isso pode incluir um diário de alimentação que seu doutor recomendou seguir ou quantas séries e repetições você faz na academia. Acredite, eu já estive aí – entendo o quanto isso pode parecer agonizante, mas os resultados valerão a pena.

Com todas as mudanças que você terá feito até o final, você ficará muito agradecido(a) de ter tomado um tempo para dar esse passo necessário. Se você quer pular esse passo completamente, então é melhor parar de ler aqui e esquecer desse livro até que esteja pronto(a) para seguir as orientações. Não podemos chegar ao resultado desejado se não soubermos de onde estamos começando.

Rotina semanal atual

Nas páginas a seguir, você verá um *template* em branco que pode ser impresso e usado para escrever os registros de cada dia. Ele foi deixado para você preencher porque todos têm estilos de vida diferentes, responsabilidades e necessidades (por exemplo, talvez você tenha um trabalho noturno ao invés de ser de 09:00 às 18:00, ou a cada vez mais presente jornada de 08:00 às 20:00).

Há espaço o suficiente para escrever suas atividades de hora em hora, ou a cada 30 minutos se necessário. Você poderá ver como ao seguir a linha adicional nas caixas da primeira linha, diretamente abaixo dos dias da semana. Eu altamente recomendo que se use essa ferramenta fundamental. As outras caixas estão em branco para aqueles que quiserem fazer usas próprias linhas ou até intervalos de tempo menores, como de 15 minutos (como for necessário).

Mais uma vez, sua rotina certamente será diferente da minha, então você pode personalizar seu calendário para que ele reflita como você usa o tempo agora. Eu incluí um exemplo na primeira caixa de tempo, que você pode apagar com um corretivo para começar com a hora que for adequada para você.

Hora/Dia	Domingo	Segunda	Terça	Quarta	Quinta	Sexta	Sábado
5:00							
5:30							

Agora que você tem sua rotina preenchida e consegue ver como cada minuto do seu dia está sendo usado, há mais uma coisa que precisamos considerar. Esse talvez seja um passo mais animador para a compreensão do tempo e do uso efetivo dele.

Dica #2:

Otimize sua matriz pessoal

Pedras, britas e areia: partes da matriz

Com o que você gostaria de se ocupar? Sério, com o que você quer usar seu tempo? O que você quer aprender? Com quem você quer passar esse tempo?

O livro "Os Sete Hábitos das Pessoas Altamente Eficazes", de Stephen Covey, me presenteou com uma estratégia que mudou minha vida e me ajudou a priorizar as coisas com o que ele chama de "Matriz de Gerenciamento do Tempo." Não, não tem nada a ver com o filme, então por favor não se confunda. (Sim, essa é uma piada bem boba – e você estava pensando nisso também!)

Sempre que me sinto em um conflito pessoal ou quando há grandes reviravoltas na vida, eu uso isso para gerenciar meu tempo. Antes de eu dar mais detalhes, vamos olhar para isso de outra forma, como pedras, britas e a areia. (Marie Forleo também credita Covey por esse conceito – se você aprende de forma visual, pode assistir o vídeo a partir dos 2 minutos e 30 segundos para mais detalhes, através desse link: http://www.marieforleo.com/2015/12/not-miss-your-life/ – vídeo em inglês).

Como pedras, britas e areia estão presentes em nossas vidas

A ideia é essa: se preenchermos uma jarra com britas primeiro, não vão caber as pedras. Em outras palavras, se não soubermos quais são nossas prioridades principais, nunca teremos tempo para realizá-las porque provavelmente estaremos focando em todas as coisas redundantes e não tão importantes primeiro.

Precisamos preencher nossas rotinas com as pedras – as coisas mais importantes para nós na vida. Isso pode incluir o trabalho/carreira, família, amigos e a saúde. Depois disso, podemos preenchê-la com as britas, coisas que precisam ser feitas e são importantes para nós, mas não têm um prazo imediato, como incumbências rotineiras, planejamento de eventos, consertar o rádio (para os clássicos como eu, que ainda ouvem o rádio), atualizando as músicas de nossos *mp3 Players* (ou *podcasts*, áudios motivacionais, etc.) e assim vai. Já a areia representa as pequenas coisas que não são importantes e nem urgentes, mas podem ser distrações. Por exemplo, anúncios e certas *newsletters*, mensagens de texto, ligações etc.

Vida Ideal

Este é o fundamento para compreender a matriz de Covey, que revisitaremos em breve. Por ora, pense nos seus valores e no seu caráter, a vida que você quer e o que mais importa para você. Vamos voltar para as perguntas que te fiz no começo dessa parte – para o quê e para quem você QUER usar o seu tempo? Em uma nova folha de papel, divida a planilha em duas ou use a planilha de exemplo (você a encontrará nas páginas a seguir). Liste os

itens abaixo de acordo com sua vida IDEAL (não são as realidades atuais) na primeira coluna. Certifique-se de deixar uma linha de espaço entre cada atividade:
- Suas pedras (prioridades)
- Suas britas (importantes, não urgentes)
- Fontes de areia (distrações e atividades desnecessárias)

Agora escreva quanto tempo, ou com quanta frequência, você quer realizar essas atividades, além do tempo para cada uma. Por exemplo: tempo de qualidade com a família duas vezes por semana, quatro horas por visita, ou malhar quatro vezes na semana por 90 minutos cada ida. Certifique-se também de que esses objetivos são realistas. A última coisa que você precisa é ficar desapontado(a) por fazer previsões exageradas!

	VIDA IDEAL	VIDA REAL
PEDRAS		
BRITAS		

GRÃOS DE AREIA		

Codificação por cores: uma olhada é tudo de que você precisa

Antes de continuar, designe uma cor para cada categoria, independentemente de serem pedras, britas ou grãos de areia. Você pode ter "vida social" como uma pedra, no entanto pode estar percebendo só agora que você usa mais tempo do que pensava para organizar saídas ou eventos, possivelmente até mesmo sendo a pessoa que organiza as saídas entre seus amigos, o que é, na realidade, uma brita. Ou, se você for como eu, a saúde física pode ser uma grande prioridade, em que você pode estar gastando bastante tempo antes de dormir pesquisando e montando novas estratégias de exercício, o que acaba tomando um tempo que você tinha dedicado para dormir.

Você pode destacar cada categoria ou circulá-las com lápis. Se você é mais ligado(a) ao visual, como eu, perceberá que isso ajuda muito na próxima seção.

Vida real

Agora que você tem uma compreensão melhor do que você quer, dê uma olhada na sua rotina atual. Como você se sente? No que está pensando? Se está analisando e sente-se sobrecarregado(a) ou surpreso(a), como se tivesse visto um gorila rangendo os dentes, então você precisa entender o que exatamente está te ocupando tanto. Com o que sua realidade atual se parece? Liste a seguir, na segunda coluna:

• Quais atividades estão tomando mais tempo? Estas são suas pedras atuais.

- Com quais atividades você tem engajado? Estas são suas britas.
- Quais são suas fontes de distração? Estes são os grãos de areia.

Use as cores que você definiu anteriormente e aplique-as sobre as mesmas categorias.

Análise

Compare suas colunas da vida ideal e da vida real olhando para as cores dispostas. Como elas se comparam? Baseado em como você está usando o seu tempo, o que suas pedras, ou prioridades, se tornaram? E suas britas? Quantas horas você GOSTARIA de usar engajando-se em certa atividade, e quantas horas você está DE FATO usando com esta atividade?

Por exemplo, se o tempo em família é uma de suas pedras e está em amarelo, quanto tempo ININTERRUPTO de qualidade (o que significa não permitir distrações, como telefonemas, interferindo) você tem na sua rotina em amarelo? Se você aprende de forma visual, apenas olhando para a cor, considere isso: o bloco de tempo parece pequeno demais ou grande demais? Agora, independente do tipo de aprendiz que você for, conte quantas horas esse bloco de tempo toma no momento – é um total de 2 a 3 horas? Você gostaria que fosse mais? Se sim, quantas horas?

Essa comparação machuca um pouco? Se sim, você pode mudar isso. Se não, você já está no caminho certo!

Identificando distrações

Na Matriz de Gerenciamento do Tempo de Covey, os quadrantes inferiores devem ser evitados ao máximo possível para garantir eficiência. Para clarificar, esta é só outra forma de compreender as pedras, britas e grãos de areia em nossas vidas.

Dê uma olhada nesta figura com exemplos em cada quadrante, e então identifique quais atividades da sua rotina atual ficam embaixo.

	URGENTE	NÃO URGENTE
IMPORTANTE	● Crises ● Problemas preocupantes ● Prazos	● Construção de relacionamentos (amigos, família) ● Planejamento e preparação (tempo, eventos) ● Atividades preventivas ● Autodesenvolvimento
NÃO IMPORTANTE	● Interrupções e distrações ● Algumas ligações ● Alguns e-	● Triviais (problemas técnicos) ● Funções repetivivas (não ajudam a progredir)

	mails • Algumas reuniões • Certas atividades populares	• Desperdícios de tempo • Algumas ligações • Spam e e-mails • Atividades prazerosas (redes sociais, bares)

Encurralado(a) por distrações

Não posso enfatizar o suficiente a importância de compreender como estamos jogando nosso tempo valioso pela janela diariamente. As redes sociais, como forma de nos atualizar com imagens que outras pessoas compartilham de si mesmas, além dos posts aleatórios que não têm nada a ver com quem nós somos ou nossos objetivos; assistir ou ouvir notícias que possam criar medo em nós sobre coisas que não podemos controlar; aceitar ligações que você SABE que gastarão sua energia, ou durarão muito tempo em um horário em que você está ocupado(a); assistir besteiras na televisão; participar de fofocas: todas são atividades que estão anestesiando nossos cérebros, e são coisas que não podemos controlar. Mesmo que possamos, isso é frequentemente desnecessário, já que não nos ajudará a alcançar quaisquer dos nossos objetivos de vida.

Sim, a vida pode ser cansativa, especialmente para aqueles que estão no mercado de trabalho. No entanto, se melhorar o uso do nosso tempo é o objetivo, então qual o propósito de engajarmos nestas atividades inúteis e sem criatividade? Não estou dizendo para não relaxar – certamente, somos todos humanos e precisamos de um tempo para espairecer! Certifique-se, no entanto, de que este tempo é produtivo, e não te mantém acordado(a) à noite. Você já ouviu isso antes, mas vou mencionar aqui: todos os eletrônicos devem estar desligados uma hora antes de dormir. Sem televisão, celulares, etc. Use o tempo livre para ficar com sua família, animais de estimação, ou leia e medite para relaxar a mente e dormir em paz.

Neste momento, se você já pode identificar quando tende a engajar nestes tipos de atividades, quanto tempo você usa e para qual propósito, você poderá remover essas distrações completamente, ou reduzi-las bastante depois que aprendermos quando é aceitável usar o tempo com essas armadilhas, se for aceitável, e sob quais circunstâncias. Vamos entrar em mais detalhes adiante.

Dica #3:

Foco—de verdade

Por que o foco é uma habilidade que precisa ser refinada

Foco. O que vem à mente quando você ouve essa palavra? Seus olhos estão fechados e você se encontra flutuando em uma nuvem macia para um estado meditativo? Ou está trabalhando na tarefa à sua frente com uma visão em túnel ou a laser?

Parte disso é uma tentativa minha de brincar, mas a realidade do que a habilidade de focar É e o poder por trás dela são esplêndidos. Você realmente foca 100% quando está cuidando de uma tarefa ou engajando em uma atividade? Sua mente viaja para a necessidade de lavar roupa, lembrar de buscar as crianças ou talvez seu segundo emprego? Isso é um grande problema para a maior parte denós, e atrapalha a nossa habilidade de focar na tarefa em questão ou, em outras palavras, ser tão produtivo(a) quanto realmente podemos ser.

Você esquece os detalhes de um projeto, ou o nome de uma pessoa que você precisa contatar, ou por que você entrou em algum cômodo? Se sim, esse é o resultado de ter permitido que sua mente esteja focando em outros assuntos ao invés de estar 100% presente na atividade atual. Aqui vão algumas atividades que, depois de se tornarem rotina, podem aumentar seu foco significativamente!

Meditação

A meditação é uma técnica muito importante não somente para reduzir o estresse, mas também melhorar o foco, a produtividade e a memória. Nunca meditou antes? Ou tem problemas para focar na sua respiração e se pergunta como seria possível criar um senso de foco em algo que você busca? Não te culpo.

Entenda que a meditação é algo que leva prática, uma habilidade que leva tempo para desenvolver, assim como qualquer coisa nova que começamos. Você já era um ciclista incrível quando era criança, na primeira vez que subiu em uma bicicleta? Ou houve um processo envolvido para permitir que você andasse de bicicleta com duas rodas, sem nenhum tipo de ajuda?

Além disso, a meditação não significa necessariamente sentar-se no chão, de pernas cruzadas, em silêncio completo. Pode ser tão simples quanto visualizar o seu dia correndo bem. Imagine cada tarefa e evento indo exatamente como você quer, e experimente a sensação que você tem em imaginar esses momentos.

Alternativamente, você pode dar uma procurada na internet por meditações guiadas ou gravações de hipnose. Experimente algumas diferentes, descubra qual se adequa melhor às suas preferências (como o tom da voz, música de fundo ou sons, métodos, etc.). Também há vários aplicativos ótimos que oferecem meditações de 5 a 10 minutos, o que é um ótimo lugar para começar se você é novo(a) nisso.

Exercícios

Quando menciono isso para alguns de meus amigos, os suspiros começam a surgir. Eu sei. Nem todo mundo gosta de se exercitar, porque a imagem típica que surge na cabeça das pessoas é correr em uma esteira e levantar pesos. Isso não é algo ruim – eu, pessoalmente, adoro – no entanto, certamente não é para todo mundo.

Encontre atividades físicas de que você goste e faça-as ao menos três vezes por semana. Eu prometo, sua mente ficará mais clara e você terá uma visão de mundo mais positiva. Como resultado, isso te ajudará a ver tarefas que você não gosta muito como menos intimidadoras, e você será capaz de focar melhor sem ter pensamentos de irritação enchendo sua cabeça.

Desligando-se

A revista Forbes fez referência a um estudo conduzido em 2012 pela Universidade da Califórnia em Irvine e pelo Exército Americano que concluiu que desligar-se da tecnologia, incluindo aparelhos celulares, computadores e TVs durante a primeira e última horas do dia melhoram nossa habilidade de focar. Já ouvimos isso muitas vezes antes, mas agora, com comprovação científica, não podemos mais alimentar nossos maus hábitos baseados na tecnologia. Não se esqueça de tirar folgas intencionais que incluam tempo longe da tecnologia durante o seu dia.

Pessoalmente, percebi muitas mudanças fazendo isso, especialmente com a última hora do meu dia. (Há muitos motivos pelos quais nos sentimos ótimos após umas férias longe de dispositivos, mas não vou elaborar sobre isso aqui). Comece o dia com uma mente fresca (um ótimo momento para meditar) e faça as coisas que te fazem se sentir bem para se preparar para um ótimo dia. Vamos detalhar isso melhor adiante.

Dica #4:

Usar ou não usar listas de tarefas?

Esta é rápida e simples, porque é bem autoexplicativa. Ainda assim, eu tenho uma confissão a fazer. Segura um pouco porque essa confissão é bem dramática. Você está pronto(a)? Aqui vai: listas de afazeres são minhas melhores amigas. Bem, não de verdade, mas ajudam bastante (seus melhores amigos também não te ajudam?).

Classificando as listas de afazeres

Eu uso listas de afazeres para cada pedra na minha vida, até trabalhos repetitivos ou tarefas que caiam nos quadrantes "Não importante/Sem urgência." Retornar algumas ligações e e-mails pode esperar, mas como sabemos o quanto podem esperar?

Como sber quando fazer tarefas "Não importantes/Sem urgência"

Seus pais deixaram uma mensagem pedindo para você retornar uma ligação sem que soassem como se fosse uma emergência? Adicione isso à lista de afazeres do dia (a família é uma pedra na minha vida). Seu amigo pediu para que você encaminhe um e-mail para ele sem pedir urgência? Adicione na lista "Depois" ou "Não importante/Sem urgência" e faça isso no momento certo para resolver esse tipo de pendência. (Ele pode não existir na sua rotina ainda, mas existirá quando você terminar este livro). Quando você ficar sem espinafre e souber que precisa de um pouco para a semana que vem, adicione à lista de compras imediatamente. Não espere até a semana seguinte, quando chegar do supermercado, para perceber que esqueceu.

Onde manter listas de afazeres

Mantenha todas as suas listas no mesmo lugar (comigo, elas ficam nas anotações do meu celular). Desta forma, você sempre saberá para onde deve ir quando precisar adicionar ou retirar um item. Não há confusão ou esforço para procurar o último lugar onde você possa ter criado uma lista – elas estarão todas armazenadas juntas.

Dica #5:

Mantendo uma boa rotina de sono

Por que precisamos de rotinas?

Ter o sono regulado permite que descansemos mais profundamente, recuperemo-nos do estresse e garantimos que nossa rotina não será atrapalhada no dia seguinte (ou semana, mês, ano). O sono adequado não pode ser comprometido pela pessoa média, e ainda assim, muitos de nós fazemos isso como resultado da desorganização. Achamos que estamos usando nosso tempo de forma efetiva, mas não estamos, e a falta de sono regular e rotineiro é um problema chave.

Onde isso nos leva? A ficar irritadiços, ansiosos, improdutivos tanto no trabalho quanto na vida pessoal, e mais. Se continuamos com isso, o hábito nos leva a nos sentir miseráveis, combativos e até mesmo hostis. Por que não criar uma rotina que promova o sono que você precisa enquanto completa suas pedras e resolve umas britas quando e onde você puder?

Criando um ritual para dormir

Não é só uma rotina, mas um ritual, e rituais são sagrados. Quais atividades te ajudam a tranquilizar sua mente e corpo para garantir que você durma bem? Liste-as (sim, outra lista, e certifique-se de que não há tecnologia envolvida!). Tente uma delas de cada vez, uma para cada semana. Isso garantirá que você durma na hora certa, e acorde na hora sentindo-se refrescado(a).

Não durma mais do que o necessário. Fazer isso destrói o padrão que nosso relógio interno começou a reconhecer. Como resultado, quando chegar uma manhã que der para dormir mais, uma de duas coisas irão acontecer: você acordará na mesma hora que sempre acorda de todo jeito porque seu corpo já se ajustou, ou você dormirá mais como planejado e terá problemas para acordar na hora certa durante a semana. Isso trará, como resultado, o sentimento de pressa e sobrecarga durante a manhã, o que fará seu dia começar mal.

Criando um ritual para as manhãs

Agora é uma boa hora para adicionar que engajar-se em atividades que você sabe que começarão seu dia em uma boa nota também é importante. Liste essas atividades e dê a si mesmo o tempo necessário para fazê-las (e, como sempre, longe da tecnologia). Seu dia inteiro será mais fluido e você lidará com situações difíceis mais tranquilamente.

Eu trato meu ritual diurno como não negociável – absolutamente nada pode tomar esse tempo. Tenho dois rituais, um para manhãs em que faço exercícios e outro para quando não vou. Agora, por favor lembre-se, eu nunca gostei de planejar cada minuto do meu dia. Eu achava que consumia tempo demais, mas fazer isso permitiu que eu mudasse minha vida inteira. Se você está grunhindo agora, eu já estive aí. No entanto, também já cheguei do outro lado. Ouça o que estou dizendo e tire um tempo para criar suas próprias atividades indisputáveis.

Meu ritual diurno pessoal

É assim que minhas manhãs ficam nos dias em que faço exercícios:

- 7:30 Eu me levanto, faço um alongamento para acordar, pratico a gratidão e foco em pensamentos positivos. Visualizo meu dia por 5 a 10 minutos. Saio do quarto, escovo os dentes, coloco minha roupa preferida para malhar. Faço meu chá verde diário e meu milk-shake de pós-treino.

- 8:00 Dou um gole e admiro minha bela xícara (ou duas) de chá verde, ouvindo áudios motivacionais sobre algo que eu queira melhorar, seja isso um mau hábito ou, às vezes, mudando um sentimento negativo que eu acordei sentindo. Logo antes de ir malhar, dou uma olhada rápida nos e-mails e apago ou bloqueio o spam – nota:

o Eu sei que, se não fizer isso de manhã, não vou ter tempo durante o dia para ler os e-mails que requerem retorno.

o Minha janela de tempo para responder aos e-mails é intencionalmente curta. Pessoalmente, posso acabar sugado pelo spam e usar mal o meu tempo como resultado, então mantenho esse período bem curto.

o Mais uma vez, evite a tecnologia durante a manhã se puder, especialmente na primeira hora.

- 8:30 Exercício – aeróbico e pesos. Tomo uma bebida saudável como combustível.

- 10:00 Tomo banho, me visto e estou pronto para o dia.

- 10:30 Pego meu milk-shake e sigo com o dia.

Meus dias sem exercícios são a mesma coisa, exceto que tomo banho e fico pronto antes de fazer o chá, e passo mais tempo ouvindo ou assistindo vídeos motivacionais, assim como verifico meus e-mails pessoais. Estou pronto para encarar o mundo (interações humanas de fato) a partir das 9:00.

"Eu não posso" vs. "Eu não quero": Quão importantes são suas pedras?

Há alguns dias em que eu me levanto às 5:30 para conseguir chegar em certos eventos especiais, ou fazer um trabalho a mais – no entanto, minha rotina matutina continua a mesma. São inegociáveis por um motivo. Lembre-se disso.

Com o que sua manhã ideal se parece? Se por qualquer motivo você não puder incluir certas coisas (nota, eu disse *puder*, não que *não quer*), encontre uma forma de colocá-las na sua rotina o mais cedo possível no dia. Você verá como adiante.

Falar nisso, para esclarecer, o termo "não poder" significa *incapaz*. Às vezes as pessos dizem que não *podem* fazer certas coisas, mas a realidade é que elas *não querem*, não têm o fogo, a coragem ou o desejo de realmente fazer essas coisas. Acordar às 5:30 para conseguir fazer exercício? Às vezes eu faço porque eu quero. Eu gosto de acordar tão cedo? No primeiro momento em que meus olhos se abrem, sinceramente não. Sinto que valeu a pena quando termino de me exercitar? Definitivamente.

Minha motivação é alta. Eu foco no sentimento que terei quando completar minhas atividades diurnas, e isso é uma pedra na minha vida. Sempre acharei uma forma de fazer, independente da hora do dia. Enquanto você trabalha em montar a sua rotina, certifique-se de que desculpas não atrapalhem o seu progresso e que você tenha os resultados que serão atingidos em mente o tempo inteiro.

Dica #6:

Trabalhando com as 168 horas

Isso SEMPRE ajuda a me acalmar com qualquer sentimento de estresse ou sobrecarga que eu possa estar sentindo. É fácil se entir assim quando há muitas coisas a serem feitas, mudanças em nossa vida ou até a pressão que colocamos em nós mesmos.

Liste suas 168 horas com uma visão

Anote o número de horas que você quer ter para suas pedras primeiro, depois as britas – não inclua a areia. Esses dois incluem trabalho, comuta, família, amigos, exercícios, bem-estar mental (ex:

meditação), tarefas cotidianas, cozinhar, obrigações da casa, conferir os e-mails, hobbies, rituais diurnos e noturnos, etc.

Nesse processo, atenha-se a uma visão clara de como você quer sua vida, não necessariamente o que ela É. Se você quer mais tempo com a família ou os amigos, anote quanto tempo você pretende dedicar a eles, não quanto tempo você gasta atualmente. Atenha-se a essa visão em cada área de sua vida – isso ajudará a moldar sua rotina ideal.

Quando a lista estiver pronta, calcule quantas horas você listou no total. Passou de 168? Se você respondeu "Sim" (que eu imagino que tenha), então você precisa mesmo dessas estratégias, e está no caminho certo. A seção a seguir explicará como você pode eliminar ou reduzir algumas atividades, diminuir janelas de tempo e ter um número mais específico de horas dedicadas às suas atividades.

Dica #7:

Juntando as peças do quebra-cabeças

Distrações de rotina

Distrações são coisas que não precisamos fazer, ou que não precisam ser feitas rapidamente, como checar as redes sociais, retornar alguns tipos de ligações ou responder certos e-mails. Pense no quadrante "Não importante/Sem urgência."

Encaixá-los na sua rotina é possível, mas há uma arte em saber como você deve fazer isso e quando é apropriado. Pergunte-se, quão importantes as redes sociais são para você? Você pode se desafiar a parar de usá-las (exceto para questões de trabalho)? Você pode encontrar formas de usá-las quando sabe que tem prazos, como os 5 minutos da hora do almoço após terminar de comer, ou talvez antes para que você fique ansioso por almoçar? E-mails devem ser respondidos, mas ao invés de checá-los várias vezes por dia, você pode limitar as respostas a um momento no dia? Talvez na manhã com uma xícara de café por 15 a 30 minutos antes de sair de casa (e depois de uma hora acordado) ou nos últimos 30 minutos do horário de trabalho? Se você é responsável por organizar uma saída com os amigos, planeje anteriormente para que possa fazer tudo antes, e não precise ter surpresas de último minuto.

O que mais você pode fazer para reduzir suas distrações? Você TEM que retornar todas as ligações? Ou pode colocar seu celular no silencioso e retornar ligações e mensagens quando tiver uma pausa de 10 ou 15 minutos? Você pode se ater somente a ligações para substituir conversas por mensagem muito longas? Há coisas que você pode deixar de fazer completamente?

Programando desperdícios de tempo

Desperdícios de tempo são coisas que precisam ser feitas, mas tiram tempo das atividades primárias – pense no quadrante "Não importante/Sem urgência." De quais coisas não importantes, porém urgentes, como consertar sua impressora com problema, você consegue se lembrar e anotar? Tarefas assim surgem o tempo todo, então por que não deixar uma hora disponível na sua rotina duas vezes por semana para garantir que você resolva esse tipo de desperdício de tempo?

Separe um tempo designado para cuidar de ambas as distrações (as que você ainda não consegue abandonar) e desperdícios de tempo – isso é um passo chave.

Dois em um: multi-tarefa

Considere o seguinte: o que você consegue fazer ao mesmo tempo em que faz outra coisa? Você pode ler um livro que está doido(a) para começar enquanto espera em filas longas, talvez algumas páginas por vez? Ou ouvir um novo disco enquanto cozinha? Talvez lavar as roupas, cozinhar e limpar ao mesmo tempo ou dentro de algumas horas para resolver tudo na semana ao mesmo tempo?

Pense em como você pode fazer duas coisas ao mesmo tempo sempre que possível se a tarefa principal – como esperar uma consulta no médico – não precisar de muita atenção. Caso contrário, faça apenas uma coisa de cada vez.

Delegando

Existem atividades que você pode delegar para outras pessoas ou pedir ajuda de tempos em tempos? Há tarefas na casa que podem ser compartilhadas ou alternadas a cada semana? As crianças já têm idade para fazer seus próprios almoços? Você pode contratar alguém para cortar a grama ou varrer a neve, ou talvez cuidar de coisas da casa e cozinhar para você? Você pode revezar com seu vizinho na hora de buscar e deixar as crianças da escola? Seus filhos podem arrumar seus próprios quartos ou ajudar a fazer a janta? Pense nas atividades que podem ser repassadas para outras pessoas ou compartilhadas, para poder tirar um peso não só dos seus ombros, mas dos outros também.

Negociando consigo mesmo

Cozinhando

Quais atividades são negociáveis em termos de quantidade de tempo dedicada a fazê-las? Você TEM que gastar seis horas cozinhando ou pode achar formas de diminuir isso para quatro horas na maioria das semanas? Por exemplo, eu reduzi a frequência de pratos mais requintados que levam mais tempo para preparar. Mantenho-os simples, rápidos e, ainda assim, deliciosos. Eu preciso literalmente de cerca de duas horas para cozinhar na maior parte da semana.
 Dormindo

E quanto ao sono? Não, eu não vou dormir quando estiver morto – nossas mentes e corpos precisam de sono adequado enquanto estamos vivos e bem. Ainda assim, a quantidade de tempo usada para dormir é negociável por algum motivo? Pessoalmente, preciso de mais descanso nos dias em que faço exercícios, então adiciono 30 minutos a mais de 3 a 4 vezes por semana, às vezes 60 minutos se meu dia de trabalho acaba mais cedo. Isso já está na minha rotina, então não me sinto estressado ou apressado nas noites que vou dormir antes. Também adiciono pequenas sonecas na minha rotina se tiver dormido menos por algum motivo. A quantidade de tempo dedicada para o sono, pelo menos para mim, é negociável.

Tempo livre

Meu tempo livre varia semanalmente, e portanto é negociável. Dado que sou um empreendedor, minha rotina muda frequentemente, e preciso ser o mais flexível possível para minha equipe e meus clientes. Meu tempo pessoal está designado para as noites de sexta, e os sábados à noite ficam reservados para amigos e família, mas às vezes preciso trabalhar. Então eu trabalho, sem culpa, e compenso isso em outro ponto da semana. Permito-me uma manhã, tarde ou noite de folga para estar com aqueles que amo, dependendo da atividade, das rotinas deles e das minhas reuniões. Em alguns casos isso não ocorre, e eu não ligo.

Em alguns momentos do ano, meu tempo pessoal, social e familiar são negociáveis por conta da natureza da minha carreira.

E o seu tempo livre? Como você pode planejá-lo, e você é flexível?

Suas negociações

Estes são exemplos de como eu criei minha rotina, e também de como mexi com os números na lista das 168 horas. Se eu preciso de 8 horas de sono em algumas noites e 9 em outras, isso deve ser calculado adequadamente e levado em conta.

Pense na sua vida e o que você pode fazer para negociar o seu tempo. Talvez você e sua família possam jantar juntos diariamente para terem mais tempo, e se não, ao menos duas ou três vezes na semana se viverem todos juntos. Isso pode ser uma adição para seu tempo semanal com a família, então você terá adicionado mais tempo familiar de uma forma muito simples.

Examine sua lista e pense no que você pode negociar na maior parte das semanas, para que possa reduzir a quantidade de tempo dedicada a estes eventos.

Já chegamos lá?

Assim que cada passo desse capítulo tenha sido executado, some os números e garanta que não há mais de 168 horas listadas. Aliás, eu recomendo que chegue nas 165 horas. Isso abre um espaço extra para caso você tenha se esquecido de algo (o que não deveria ser o caso se os exercícios forem todos feitos com cuidado) ou se alguma surpresa aparecer durante a semana. Vamos encarar, nós TODOS encontramos eventos inesperados que nos bagunçam!

Você chegou nas 165~168 horas agora? Parabéns! A parte mais difícil está feita! Identificar os problemas e entender o que podemos fazer para resolvê-los são a chave mestra. O resto vai ser moleza!

Dica #8:

Conferindo estudos de caso de rotinas semanais

Para aqueles com aprendem de forma visual, irei incluir dois exemplos de rotinas, um sendo o meu próprio. Isso vai te dar uma ideia de como várias rotinas podem se parecer.

A primeira rotina é a minha, e ela é flexível. Durante a semana, também tenho consultas no médico de tempos em tempos, que costumo marcar para as manhãs de quarta logo após o café da manhã. Isso é uma distração, mas precisa ser feito. Não está na minha rotina por não ser algo que ocorre toda semana.

Nas manhãs de sexta, eu tenho uma reunião que ocorre duas vezes por semana, e eu as alterno com atividades relacionadas à escrita. Durante a tarde, ouço áudios de desenvolvimento pessoal enquanto cozinho e faço as obrigações da casa.

Perceba que também dedico tempo às refeições – sem isso, eu vou esquecer de comer ou terei que comer apressadamente enquanto dirijo. Se isso parece com o que você faz, INCLUA o tempo para refeições na sua rotina. Comer com atenção, sem estar com pressa ou pensando em outras coisas, é incrivelmente relaxante e muito necessário para a mente. Ajuda muito a recarregar as energias durante o dia.

Meu calendário é coordenado por cores baseadas em diferentes atividades, como negócios, reuniões de equipe, bem-estar mental/desenvolvimento pessoal, e tempo livre para amigos e família. A parte azul é para os negócios, e sim, distrações surgem todos os dias, tanto nos negócios quanto na vida pessoal. Eu resolvo distrações e desperdícios de tempo quando as atividades mais importantes e urgentes para levar os negócios adiante estão feitas – nada além de 30 a 60 minutos por dia. Guardo distrações pessoais para o tempo livre reservado, incluindo certos e-mails e ligações perdidas.

Também separei atividades pessoais e desenvolvimento pessoal, embora eles se intercalem em alguns casos. Por exemplo, enquanto minhas atividades pessoais incluem compras e obrigações da casa, as atividades inegociáveis da manhã são uma combinação de atividades pessoais e desenvolvimento pessoal. No entanto, minhas tarefas inegociáveis da manhã existem para que eu tenha um ótimo dia – as atividades que eu incluo nelas mudam de vez em quando. Atualmente, incluem vídeos motivacionais – no futuro, isso pode ser retirado. Dessa forma, mantive essa área como rosa e a distingui do tempo dedicado inteiramente ao desenvolvimento pessoal.

Veja a legenda para mais detalhes. Dê uma olhada no calendário com cuidado para ter uma visão clara de como sigo minha rotina com os passos explicados até agora, e os que virão a seguir.

Legenda:	
Pessoal:	inegociáveis, compras, cozinhar (pedra por questão de saúde), tarefas da casa, distrações (brita), desperdícios de tempo (areia)
Exercícios:	(pedra)
Reuniões de equipe:	(pedra)
Negócios:	ligações, compromissos, treinamento, comuta entre compromissos (pedra), distrações e trabalhos repetitivos (britas)
Escrita:	pesquisa, desenvolvimento, escrita, publicações (britas)
Música:	pesquisa, composição, letras, distribuição (britas)
Desenvolvimento pessoal:	áudios motivacionais, vídeos, leitura, meditação (britas)
Tempo livre:	tempo pessoal, amigos, família (pedras)

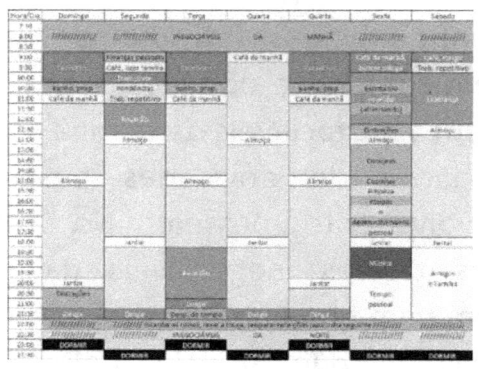

Minha amiga está nos passos iniciais da implementação das dicas desse livro, então a rotina dela está coordenada com base nas pedras (vermelho), britas (amarelo) e areia (azul). Essa é a forma como ela gostaira que a rotina ideal dela se parecesse, então agora ela está trabalhando pra identificar e encontrar espaços para distrações e desperdícios de tempo, e desenvolvendo seus hábitos para garantir que ela possa seguir a rotina como planejado.

Eu incluí a rotina dela porque entendo que a maior parte das pessoas não têm tantas cores em suas rotinas como eu, o que é o resultado de encaixar vários aspectos do meu negócio e carreiras, assim como hobbies. Independentemente de quantas cores você tiver, você irá achar uma dessas rotinas mais de acordo com sua situação.

Ver as duas rotinas também te ajudará a ir de uma rotina básica para uma mais refinada e definida como a minha. Isso te dará ideias do que pode ser feito e como.

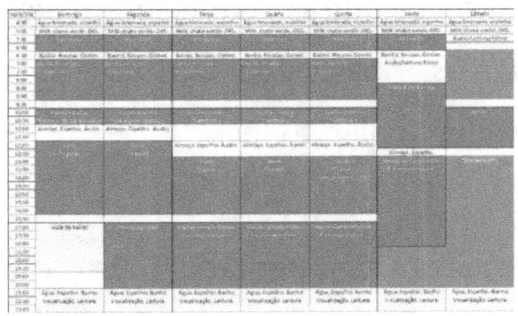

Implementando estas ideias

Nova rotina

Agora que você tem uma ideia muito melhor das estratégias que pode usar para ser eficiente com o tempo disponível, é hora de colocar tudo no papel. Crie uma

NOVA rotina (sinta-se livre para imprimir outra cópia do template que usamos antes) usando o que você aprendeu até agora. Comece com suas pedras e com atividades onde as horas são fixas (como o trabalho). Se outras pedras forem flexíveis, planeje-as baseando-se no que é conveniente para todos.

Comece com suas pedras

Agora, se você estiver adicionando pedras em horários que serão desafiadores para você, vá em frente e faça isso (como fazer exercícios às 6:30 ao invés das 18:30, que é quando você poderia estar com a família jantando). Há uma empolgação, orgulho e aventura em completar coisas que nunca tentamos ou nem pensamos em fazer até agora. (Confie em mim, estou falando pela minha própria experiência por fazer exercícios no começo da manhã.) Inclua seus rituais diurnos e noturnos em todos os dias da semana.

É melhor começar com os dias de trabalho mais cruciais. Sempre comece do fim para o início, pense nos seus rituais diurnos. Quais tarefas adicionais precisam ser feitas antes de você sair de manhã? Quanto tempo elas levam? Anote de acordo com a ordem. Então você verá em qual hora precisa levantar. Faça o mesmo para suas noites, exceto que, nesse caso, é bom determinar a hora de dormir primeiro, já que você já sabe quando precisará acordar e quantas horas de sono você precisa para render bem.

E os fins de semana? Você tem muitas pedras que não podem ser movidas? Planeje-as agora mesmo. Agora você pode encaixar suas pedras flexíveis, como família ou tempo pessoal. Certifique-se de que seus rituais não sejam interrompidos – é chave segui-los sempre para que seus hábitos não sejam interrompidos.

Adicione britas

Agora você pode preencher sua rotina com os detalhes de suas britas através da multi-tarefa e outras estratégias que você aprendeu. Adicionalmente, coloque suas anotações de delegações na sua rotina, e então aja para garantir que todos estejam cientes e queiram ajudar: tenha uma reunião familiar pedindo ajuda de todos e revezando para fazer algumas tarefas, converse com seus vizinhos sobre a ideia de compartilhar tarefas e assim por diante. Não tenha vergonha de pedir ajuda, e não tenha medo de criar uma nova rotina. Isso só é desafiador e intimidador quando não sabemos por onde começar.

Espalhe a areia

Não se esqueça de designar janelas para desperdícios de tempo que precisam ser feitos (não importantes, porém urgentes).

Dedique duas janelas de uma hora para garantir que você tenha tempo na semana para lidar com eventos inesperados que tomam tempo. Por último, todos nós temos distrações e temos o poder de reduzi-las. Também controlamos como lidar com elas, se é que lidamos. Elimine, ou ao menos reduza drasticamente as distrações, e isso já te dará um pouco de paz de espírito quando você começar sua rotina.

É possível de ser feito?

Quando tiver terminado de fazer sua rotina, feche os olhos por um minuto. Respire fundo algumas vezes. Então, abra seus olhos e olhe para sua rotina. Ela parece realista e possível? Não estou falando de você poder ou não completar algumas tarefas no dia, mas se você pode ou não seguir com a rotina que você fez, e se ela faz sentido. Há alguma hora adicional que você precise remover ou adicionar ao seu calendário que ainda não foi considerada?

Disciplina e foco

Tudo leva à disciplina e ao foco. Cultive disciplina para seguir a rotina. Foque 100% em cada atividade que for fazer, esteja totalmente presente – e faça tudo em sua rotina como planejado, da melhor forma que puder, uma (ou duas) tarefa(s) por vez. Por exemplo, eu tendo a deixar meu celular no silencioso e virado para baixo quando sei que um projeto ou tarefa requer minha total atenção e foco. Retorno ligações perdidas quando a tarefa estiver feita. Ou deixo o celular para cima se sei que terei disciplina para priorizar as ligações, e só retornar se tiver algo importante e urgente relacionado ao contato.

Desenvolvendo essas habilidades, entre outras, você reforçará a disciplina necessária para fazer mais coisas do que já achou que fosse possível. Se ver é acreditar, crie sua realidade para vê-la chegar à sua vida. E então não só você, mas outras pessoas também acreditarão que é possível. (Foi assim que meus amigos vieram me pedir conselhos sobre o gerenciamento do tempo mais e mais vezes!)

Dica #9:

Análise semanal

Agora chega o teste – descobrir se isso é ou não uma rotina viável para você da melhor forma possível: implementando-a! Teste por uma semana. Pegue um caderno (pequeno ou médio já serve). No fim de cada dia, anote o que poderia ter dado mais certo. O que ainda te deixou estressado(a) ou quais sentimentos negativos relacionados à sua produtividade poderiam ter sido diferentes?

No fim da semana, sente-se com sua nova rotina e leia suas anotações. Como você pode mudar as situações que você encontrou? Você subestimou o tempo que levaria para ir à ioga, tomar banho e ir embora? Seus rituais diurnos e noturnos REALMENTE te ajudaram a ter um bom dia e dormir bem? Você usou seu tempo no trânsito de forma construtiva – como ouvindo um novo disco ou retornando algumas ligações via *Bluetooth*? (Se essa última sugestão não for para você, eu entendo – e não recomendo para a maior parte das pessoas.)

Você percebeu que passou direto pela farmácia quatro vezes essa semana e nunca parou para comprar uma medicação que você precisa? Por quê? Mude o que precisa, seja o tempo associado a certas atividades, a ordem com que foram feitas, ou em qual dia.

Dica #10:
Análise mensal: revisar, refazer e repetir

No fim do mês, faça algumas mudanças maiores na sua rotina que ajudem a gerenciar as atividades de melhor forma. Por exemplo, se você está indo para o supermercado duas vezes por semana, dá para fazer tudo em uma viagem? Por que não criar uma lista de compras para a semana, se já não faz isso, e comprar tudo de uma vez? Há supermercados que você não precisa visitar semanalmente e possa ir somente uma vez por mês?

Por exemplo, há certas carnes que eu posso congelar, e todas elas vêm do mesmo açougue, então só vou lá uma vez por mês. Isso me economiza uma hora de trânsito todo mês! E os sacolões, você precisa de um ou dois itens que são perecíveis? Onde eles ficam? É mais conveniente ir em um local perto da sua casa ou mais longe? Para mim, o que fica do outro lado da rua do meu escritório é muito mais conveniente do que o que fica perto da minha casa, puramente por conta das saídas perdidas e sinais de trânsito.

Eu tenho três lojas primárias que visito semanalmente. A que eu visito para dois itens fica em frente ao meu escritório, e fora da rota que uso para ir para casa. Quando termino meu dia, ou quando preciso descansar (sempre use bem seu tempo livre), eu atravesso a rua e faço essas compras. A segunda loja é mais fácil de chegar da minha casa. A terceira eu posso visitar a qualquer hora, fica pertinho.

Faço todas as minhas compras de uma vez só, e deixo a loja perto da minha casa por último. Caso eu esteja me atrasando, sempre dá para passar lá no dia seguinte (ela abre todos os dias). Eu também compro em grande quantidade – economiza muito tempo e tensão. Eu sei exatamente quando tenho que resolver, e é quando eu o faço. Eu sei que na manhã seguinte eu vou cozinhar para a semana toda, então não tenho escolha a não ser fazer as compras no horário delas, ou se não, mais tarde no dia. Por último, nunca vou nas horas de pico, quando o trânsito está empacado ou em fins de semana. Se você puder evitar o trânsito e grandes filas de espera, faça isso.

E quanto aos seus exercícios – eles levam mais tempo do que você pensava originalmente? Você está perdendo tempo durante a manhã porque não sabe o que vestir? Demora para cair no sono depois que se deita por conta de insônia ou por falta de rituais noturnos apropriados? Você percebeu que prefere lavar a louça logo antes de dormir ao invés de fazer isso logo após o jantar ou de manhã? Ou então, você está se atrasando de manhã porque não levanta cedo o suficiente para embalar seu almoço? Já tentou embalar o almoço na noite anterior?

<u>Quando está tudo simplesmente certo?</u>

Depois de revisar a rotina algumas vezes, depois de 3 a 6 meses você saberá quando tudo estiver fluindo perfeitamente a partir de como se sente no fim do dia, da semana e do mês. As circunstâncias estão sempre mudando também, então depois que você aprende a gerenciar a aplicação dessas estratégias, você poderá aplicá-las em todas as mudanças da sua vida. Você sempre poderá criar uma rotina que funcione bem para suas necessidades e desejos. Lembre-se de seguir cada passo desse e-book, nenhum deles é mais importante do que o outro. Cada passo é crucial para criar o equilíbrio entre trabalho e vida pessoal que você busca e está no caminho para alcançar.

Parabéns por se colocar em primeiro lugar! Você conquistará recompensas tremendas por fazer isso, em forma de felicidade, tranquilidade, contentação, energia e também relacionamentos e saúde fortes.

Parte 2

Introdução

Parabéns! Descarregaste a tua cópia pessoal de "Gere o teu Tempo". Obrigado.

Durante os capítulos seguintes vamos refletir sobre diferentes formas de gerir o tempo de uma forma mais eficaz. Nesta era agitada em que vivemos, é-nos pedido, todos os dias, para fazermos cada vez mais coisas ao mesmo tempo. Se não possuirmos uma boa capacidade de gestão de tempo, perdemos tempo e dinheiro. Se soubermos gerir diferentes tarefas de uma forma eficaz, há tempo suficiente, num dia, para cumprir com tudo.
Vais descobrir o importante que é programar e organizar o teu tempo sensatamente e simplificar o teu trabalho e horário pessoal para poder incluir mais tarefas. Mesmo que não sintas que estás atulhado de trabalho, melhorar a eficiência e diminuir o tempo utilizado em cada tarefa vai deixar-te com mais tempo para dedicar ao que realmente gostas. Quem não quer ter mais tempo para isso?

Este livro vai explorar algumas formas de aumentar a tua produtividade de modo a melhorar a tua performance diária. As pessoas mais eficientes ganham mais, sobem mais rápido na carreira e têm uma melhor qualidade de vida. Aqueles que planificam a sua vida e vivem o dia a dia com um propósito específico têm uma capacidade mais elevada de encontrar o equilíbrio perfeito entre a vida profissional e a vida pessoal, tendo ainda tempo de sobra para eles mesmos e para dedicar aos seus passatempos favoritos. Não adorarias ser uma destas pessoas?

Há, no mercado, muitos livros que exploram este tema. Uma vez mais, muito obrigado por teres escolhido este! Foi feito um grande esforço para incluir o maior número de informação útil possível. Espero que gostes!

Capítulo 1: Organiza os teus espaços

Aumentar a produtividade começa com uma avaliação do ambiente que te rodeia. Olha à tua volta. Se estiveres em casa, observa como tens as tuas coisas ordenadas. Se estivesses à procura de alguma coisa saberias onde encontrá-la, ou a maior parte dos teus dias são passados à procura do material necessário para a realização de certas tarefas? Imagina a tua cozinha. Se quisesses fazer bolachas para vender numa feirinha, conseguirias encontrar o papel de forno de olhos fechados? A farinha e o açúcar? Se não, está na hora de organizaresesse espaço.

O objetivo é ordenar os espaços onde vives e trabalhas de modo a que tudo tenha um propósito e esteja num lugar designado. Nenhuma tarefa deve começar como se fosse uma caça ao tesouro. Rapidamente ficamos exaustos e exasperados com tarefas simples, mas que parecem que nunca mais começam nem acabam. Na realidade, muitos projetos nem sequer começam devido a um processo de preparação demasiado exaustivo.

Quando a tua mente só vê desorganização também se cria um estado de desordem mental. O cérebro prefere observar coisas calmas e racionais, em vez de tentar encontrar um sentido no meio do caos. Deixa que a tua mente trabalhe num ambiente em que possa aproveitar todo o seu potencial, em vez de estar a pensar em organizar toda uma desorganização.

Uma reformulação completa do teu espaço pode parecer um pouco dramática, mas tenta, organiza-te. Para que seja mais fácil, ordena uma divisão de cada vez. Começa pela divisão que usas mais, ou na qual nunca estás. Mesmo que gastes muito tempo em pôr tudo em ordem, o retorno em tempo e irritação não tem preço.

Se possível, põe de lado um bom pedaço de tempo, um dia ou um fim de semana, para completar esta tarefa. Liga a máquina do café (se a conseguires encontrar) e encerra-te para um dia de diversão organizativa. Testa a tua produtividade e estabelece um tempo limite para cada divisão.

Deita coisas fora. Fácil e simples. Organizar muitas coisas de uma forma diferente não serve de nada. Fica com coisas, em casa ou no escritório, que uses de forma regular. Tudo o resto é um entrave. Considera deitar fora ou doar roupas velhas que já não uses, brinquedos de criança que estão só a ganhar pó ou revistas velhas que nunca mais vais voltar a ler.

Pensa no tipo de organização que seria melhor para a tua casa e escritório. Os armários de casa ficam melhor organizados se usares gavetas e cruzetas e no escritório o melhor são armários com etiquetas identificadoras para que encontres documentos importantes mais facilmente. Encontrar uma forma de armazenar tudo também pode ser uma boa ideia (sacos do lixo ou caixotes etiquetados), mas não te entusiasmes demasiado com isto. Não te desorganizes mais do que aquilo que já estás.

Se não conseguires comprometer um dia completo para isto, divide o trabalho e faz um bocadinho todos os dias. Pensa onde tens mais dificuldade em encontrar coisas e começa aí. Se demorares mais de um minuto a pensar no que vais vestir, começa por organizar o teu armário. Se o jantar acaba sempre por ser um takeaway, porque não fazes ideia onde tens as panelas, começa pela cozinha. Se cada dia organizares uma gaveta ou uma prateleira, vais poupar tempo e chatices, num futuro.

Lembra-te de que não é suficiente organizar-se, é preciso manter a organização. Isto significa arrumar e limpar regularmente. Volta a colocar as coisas nos lugares de onde as tiraste, para que saibas onde estão quando voltes de precisar delas. Usa uns minutos por dia para arrumar o que desarrumaste.

No que diz respeito ao espaço de trabalho, a organização é um pouco mais difícil. Normalmente, o espaço de trabalho é dividido com mais pessoas, o que faz com que seja quase impossível controlar o nível de desorganização. Faz o que puderes com um espaço que seja só teu. Usa prateleiras para guardar papeis que não usas diariamente, mas que tens de guardar. Arruma objetos que utilizes todos os dias nas gavetas da tua secretária, para que sejam fáceis de encontrar. Deixa canetas, lápis, agrafadores e furadores em cima da mesa. Ordena a tua mesa de forma a que o rato do teu computador não esteja em cima de uma montanha de papeis.

Se quiseres estar um passo mais à frente, podes ainda deixar no ambiente de trabalho do teu computador só os ícones das pastas que usas no dia a dia. Mantém nos marcadores online os sites que mais usas para que o acesso ao mesmos seja mais rápido. Não incluas páginas de social media nos teus favoritos para evitar distrações. Voltaremos a este tópico mais tarde.

Para quem trabalha em negócios e serviços, organizar as ferramentas é prioritário. Se fores um mecânico é normal que tenhas caixas enormes de ferramentas que usas todos os dias, e algumas que usas só de vez em quando. No entanto, é melhor ter tudo organizado, tem a certeza de que sabes onde tens tudo para que o trabalho te seja mais fácil. Isto é importante principalmente para as pessoas que não são pagas à hora, mas pela quantidade de trabalho que fazem. Aumenta os teus ganhos, aumentando a tua eficiência. Acredita que tudo isto começa com uma melhor organização.

Nos espaços que tu não podes controlar, como áreas de descanso comuns ou salas de reunião, pede ajuda aos teus colegas. Vai ser fácil explicar-lhes que um escritório organizado é uma grande ajuda para toda a gente, e encoraja cada pessoa a tomar conta do seu espaço. Afinal, se toda a gente num escritório começar a ser mais produtiva, o trabalho de todos fica mais fácil.

Organizar os teus espaços não só vai poupar-te tempo, mas também muita dor de cabeça. Pensa em tudo o que podes fazer se não tiveres de perder tempo à procura de material que não te lembras onde guardaste. Andar sempre à procura de tudo pode tornar-se cansativo e deixa o cérebro mais cansado na altura de ser produtivo.

Capítulo 2: Organiza a tua cabeça

Agora que os teus espaços estão livres da desarrumação, está na hora de nos concentrarmos no cérebro. Para atingir o teu potencial máximo de produtividade, o cérebro não se pode concentrar em demasiadas coisas ao mesmo tempo. Ao começarmos a organizar o ambiente à nossa volta já demos um grande passo nesta direção.

Antes de nos embrenharmos neste capítulo temos de perceber que a motivação e a produtividade não podem ser forçadas. A motivação natural é variável, e é comum que uma pessoa perca o interesse por algo que antes a apaixonava. Se a motivação para completar uma tarefa for inexistente, não há muito que se possa fazer. O que podemos fazer é trabalhar no nosso bem-estar. Quando o teu corpo e mente estão em sintonia, a energia e a inspiração fluem melhor. Se estiveres cansado, stressado e a trabalhar demasiado, a tua motivação é, normalmente, a primeira coisa a ser afetada.

No mínimo, cinquenta mil pensamentos são processados pelo nosso cérebro, a cada dia, e a maioria destes pensamentos é completamente inútil. Somos, frequentemente, demasiado críticos para connosco, pensamos em como está o nosso cabelo, no que os outros pensam sobre nós. Também nos preocupamos desnecessariamente com coisas que não podemos controlar. Enquanto que é impossível eliminar completamente este tipo de pensamentos, podemos trabalhar na forma de lidar com eles.

Treinar o teu cérebro para pensar de uma forma mais positiva vai ajudar-te neste processo.A negatividade é desgastante para a mente e espírito, diminuindo a produtividade pessoal e profissional. Infelizmente, se o teu cérebro estiver habituado a processar os pensamentos de uma forma negativa, esta vai ser a tua reação mais frequente. Conscientemente, tens de redirecionar os teus pensamentos de uma forma positiva de modo a treinar o cérebro.

Por exemplo, imagina que odeias fazer relatórios de vendas, no trabalho. São eternos e requerem imenso trabalho. Vais sempre olhar para esta tarefa de uma forma negativa a não ser que tomes a decisão consciente de o fazer de uma forma mais positiva. Em vez de pensar na parte má da tarefa, pensa que o relatório reflete a necessidade do teu posto de trabalho, tornando-se assim numa tarefa necessária e útil para que mantenhas o emprego.

Para além de criares pensamentos mais positivos, cria uma lista mental de prioridades de forma a que não percas tempo com coisas que realmente não te interessam. Às vezes estamos tão concentrados em chegar ao fim do dia que nem pensamos porque fazemos o que estamos a fazer. Regra geral, as pessoa gostam de agradar aos outros realizando, frequentemente, tarefas que não lhes dizem nada, pelo simples facto de satisfazer as necessidades de outrem. Isto pode significar que estás a perder uma quantidade de tempo exorbitante em coisas que não são nem interessantes nem boas para ti. Revê as tuas prioridades para que estejas mais de acordo com as tuas necessidades, ética e objetivos.

Isto pode significar recusar projetos de trabalho, ou recusar ajudar numa visita de estudo da turma do teu filho. Dizer "não" vai aliviar algum stress e deixar-te com mais tempo para coisas mais importantes. Diz não de uma forma respeitosa e, no caso de trabalho, tem a certeza que deixas claro que o envolvimento num novo projeto te vai deixar com menos tempo para dedicar aos que já tens.

Usa ferramentas como a meditação para te concentrares sempre que precisares. A meditação ajuda a aumentar paz mental, produtividade e bem-estar em geral quando praticada de forma regular. A meditação é, simplesmente, um processo para limpar a mente através da concentração numa coisa em específico, normalmente um som ou mantra.

A arte da meditação é antiga, tendo os seus inícios registados há mais de cinco mil anos, na Ásia. Há várias teorias e formas de praticar meditação, mas os conceitos básicos são os mesmo em todo o mundo. O objetivo é clarificar e concentrar a mente para que esta funcione melhor.

Começa a incluir meditação no teu dia a dia para a tua saúde em geral. Começa com alguns minutos sentado num quarto tranquilo. Os principiantes acham mais fácil concentrar-se numa palavra, como "calma" ou "concentração". Repetir uma palavra deste género uma e outra vez mantém a tua mente concentrada só nessa palavra, cessando todo o outro tipo de pensamentos. Isto dá tempo a que a tua mente se organize e recarregue. Aqueles que praticam meditação sentem-me melhor imediatamente depois e, os seus efeitos, são duradouros.

Para encaixar isto na tua rotina, guarda alguns minutos quando acordes, ou quando fores dormir, para praticar. Meditar de manhã tem os seus benefícios. Permite que a mente desperte e se concentre no dia que há pela frente. É também uma recarga para o cérebro. Em vez de acordar com pressa, a tua mente pode ter uns minutos para se ativar e preparar para qualquer tipo de caos que apareça durante o dia.

Meditar à noite pode ajudar a relaxar o cérebro e ativar o ciclo natural do sono. Limpar a mente antes de ir dormir significa que os pensamentos que andam à volta na tua cabeça são arrumados nas suas gavetas durante a noite. Meditar também ajuda a acalmar o sistema nervoso, desacelera a respiração e prepara-te para dormir.

Outra forma de organizar a tua cabeça é escrever. Quando dada uma tarefa tangível, a mente organiza e agrupa pensamentos de forma a que seja possível escrevê-los. Quando estás triste por algum motivo, ou simplesmente tens uma situação para resolver, ver os factos todos escritos à tua frente ajuda a clarificar o problema.

Manter um diário pode ajudar a organizar pensamentos e emoções e proporcionarte alguns pontos de situação sobre ti mesmo. Pode ser utilizado como uma ferramenta para apagar pensamentos negativos e criar positivos e, quando estes padrões são reconhecidos pela tua mente, vais passar a ser produtivamente imparável. Assim que compreenderes bem como funciona a tua mente e as coisas que a acalmam, tens a capacidade de a manipular e trabalhar com ela.

O processo de escrita para arrumar as ideias não tem de ser extremamente profundo. Escrever listas ajuda muita gente a concentrar-se numa dada tarefa e deixar de lado outras tarefas e pensamentos. Às vezes, o simples facto de nos estarmos constantemente a relembrar que não nos podemos esquecer de certa coisa faz com que isto não nos saia da cabeça e permita concentrar noutra coisa até que a tarefa esteja completa. Escrever assegura o teu cérebro de que não te vais esquecer e a energia que podia ser desperdiçada, pode ser utilizada no teu projeto atual.

Fazer uma lista rápida antes de dormir é um exercício excelente. Muita gente tem dificuldade em adormecer e relaxar porque têm demasiadas coisas na cabeça. De uma só vez, têm de se lembrar de fazer o almoço, pagar a hipoteca e stressar com uma apresentação que têm de fazer para o trabalho enquanto o cérebro está a tentar desligar-se. Infelizmente, se a memória estiver hiperativa o cérebro não vai descansar. Se não descansares bem, a tua concentração no dia seguinte vai sofrer com isso. É um ciclo vicioso.

Escrever alguns pensamentos tranquiliza a tua mente, deixando que o ciclo natural de sono se apodere de ti. Tenta desligar aparatos eletrónicos pelos menos uma hora antes de ires dormir. A luzes brilhantes dos telemóveis e computadores interrompem os ciclos naturais do sono.

Podes estar a pensar que este capítulo só te deu mais trabalho para o teu dia a dia. Sim, estas coisas são tangíveis e devem ser trabalhadas e incluídas na rotina diária de qualquer pessoa. Aperceber-se de tudo isto vai poupar-te tempo que pode ser utilizado no teu recreio. Meditar acalma-te a dá-te a força que precisas para trabalhar de uma forma mais eficaz e rápida, deixando-te com mais tempo para riscar itens da tua lista de tarefas diárias.

Capítulo 3: Elabora um horário

Agora que criamos um ambiente físico e mental calmo, está na hora de meter as mãos à obra. Neste momento, devias sentir-te concentrado e pronto para feitos aparentemente impossíveis. Pelo menos para enfrentar o dia a dia de uma forma digna e graciosa. Isto pode começar com o organizar das tuas actividades do dia de hoje, de amanhã, e do futuro em geral.

Se não planificares, o teu plano é falhar, dizem todos os milionários. A frase original é de Benjamin Franklin, mas tem sido utilizada como uma frase motivadora desde esse tempo. A questão é que é uma verdade extremamente relevante, tanto no tempo de Franklin como agora.

Já sabemos que a nossa mente vai divagar sempre que tiver a oportunidade. É necessária uma concentração extrema para navegar na vida sem um plano e sem distrações. Muitos, simplesmente diriam que é impossível, e não estão errados. Todas as aventuras começam com um plano simples. Um bom plano de ação fazte sentir poderoso, com tudo controlado e preparado para começar. As tarefas são terminadas muito mais rápido quando és o mestre do teu horário.

Por isto mesmo, devemos criar um horário para nós próprios. Criar uma agenda com os nossos compromissos profissionais, sociais e pessoais ajuda-nos a organizar todos os aspetos das nossas vidas e manter o controlo de onde e quando temos de estar a cumprir determinada tarefa. Um bom horário inclui a mais pequena das tarefas, já que estas são as primeiras a serem esquecidas.

O primeiro passo para criar um horário é escrevê-lo. Calendários de papel e agendas funcionam bem para algumas pessoas, enquanto que os calendários eletrónicos que podem ser acedidos via telemóvel são melhores para outras pessoas. Procura a melhor forma para ti e será mais fácil. Não faz sentido ter um calendário de papel se vai ficar fechado numa gaveta da secretária. Por falar nisso, se a tua secretária estiver organizada, de certeza que isto não acontece.

Organiza as tuas prioridades. Para a maioria, a prioridade são os acontecimentos profissionais. Entre as nove e as cinco sabes que vais estar a trabalhar, por isso planifica primeiro estas horas. Se trabalhas melhor de manhã, marca as reuniões para a tarde, sempre que possível, de modo a que o teu trabalho individual seja realizado nas tuas melhores horas de concentração. Está atento ao tempo, já que não te queres sobrecarregar, mas também não fiques muito tempo sem fazer nada entre tarefas. Um bocadinho de pressão faz com que mantenhas um bom timing no trabalho e tempo sem fazer nada é dar carta branca para a tua mente se distraia. Tem em conta tempos de viagem ou preparação que tem de ser feito antes de uma reunião ou apresentação.

Depois, preenche os espaços de tempo com coisas que normalmente não tens tempo de fazer no trabalho. Por exemplo, se fores um médico, o teu tempo vai ser preenchido com consultas. Também tens de ter tempo para fazer reuniões de staff e avaliações.

Se tiveres horas livres, numa dada semana, acrescenta alguma coisa que tens querido fazer, mas que não tenhas tido tempo, como trabalhar em ideias novas. Isto é algo que normalmente é posto de lado devido a trabalhos mais urgentes e a única forma de o cumprir é se o encaixares no teu horário.

Muita gente não tem problema em ser disciplinado e produtivo no local de trabalho. Na verdade, concentram-se tanto no seu trabalho que as suas relações sociais e pessoais chegam a ser desastrosas. Como seres humanos, muitas vezes damos tudo numa só coisa, deixando que outras facetas das nossas vidas sejam completamente descuidadas. Para a maioria, isto reflete-se na forma em como se cuidam. Horários de trabalho demasiado longos levam a maus hábitos alimentares e falta de exercício. Quando trabalhamos até à exaustão, esquecemo-nos de tomar contar do nosso corpo.

Infelizmente, o corpo é um templo controlado pela mente, por isso quando este se descuida, a mente não tem onde viver. Resumindo, tira tempo para tomar conta de ti para que continues a trabalhar de acordo com o teu potencial máximo e durante muito tempo. Pode parecer tonto, mas a maioria das pessoas esquece-se e almoçar num dia muito carregado. Esta é a hora que o teu corpo usa para recarregar e reabastecer para a tarde. Nunca deve ser esquecido.

Exercício físico é, igualmente, imprescindível. Está comprovado que atividade física diminui o stress e aumenta o equilíbrio mental. Já ouvimos várias vezes que necessitamos de ir dar uma volta quando estamos a sentir-nos stressados. Tira partido deste concelho e vai correr. Fazer exercício regularmente vai reduzir os níveis de stress, aumentar a tua capacidade de lidar com problemas no trabalho e em casa, ajudar-te a dormir melhor e a melhorar a tua saúde, de uma forma geral. Qualquer tipo de exercício que faças ajuda, mas se a tua prioridade for limpar a mente, tenta algo como Yoga ou Tai Chi, que equilibram exercício de força e alongamento com exercícios de meditação e benefício mental. Este tipo de exercícios de baixo impacto fortalecem o corpo e as técnicas de respiração ajudam a acalmar o corpo e relaxar a mente.

Lembra-te de que a vida não é só trabalho. Obriga-te a ter tempo para diversão. Fazer um horário para o teu fim de semana parece um pouco exagerado, mas ajuda-te a manter o controlo do teus objetivos pessoais e sociais, que são tao importantes como os objetivos profissionais. Se quiseres ver um amigo, ou ir à pesca experimentar a cana nova que te deram no aniversário, planifica. Tratar os teus objetivos sociais da mesma forma que tratas os profissionais vai fazer com que vivas a vida ao máximo, como tu queres. Quase de certeza que tens uma "bucket list", por isso começa a vivê-la e a riscar itens, inserindo-os pouco a pouco no teu horário. A vida não é somente regida pelo trabalho que fazes, mas pelas experiências que vives. A produtividade não é exclusiva ao mundo profissional.

Capítulo 4: Estabelece prazos para atingir os teus objetivos

"Objetivos" é uma palavra muito abrangente. Podem ser criados para pequenas situações, como terminar uma tese até à hora de almoço, ou para situações enormes, como tirar um mestrado na tua área de estudos. Não importa qual é o objetivo. Tentar alcançá-lo sem uma data limite é quase impossível. Muita gente diria que trabalha melhor sob pressão. Isto é, à última da hora conseguem ter tudo feito. Sem esta pressão, o trabalho não é feito. É um hábito muito curioso.

Criando pressão através do estabelecimento de prazos faz com que consigas cumprir os teus objetivos. Dizer que vais acabar o mestrado antes do teu primeiro filho entrar na faculdade é uma coisa, fazê-lo é outra. Dizer que o teu objetivo é acabar o mestrado, não significa que o faças antes dos cem anos, situação na qual o mestrado não ia servir de muito. Falar é fácil.

Se quiseres ser produtivo e realmente fazer coisas, elabora um horário e estabelece prazos para cumprir cada tarefa que está no teu calendário. Esta pressão faz com que o cérebro pense que cumprir com determinadas tarefas seja uma questão de vida ou de morte e uma quantidade astronómica de energia vai ser utilizada na realização dessa determinada tarefa. Sim, pode ser que seja algo tao simples como fazer um relatório de vendas, mas se a tua mente considerar isso uma prioridade, vais acabá-lo muito mais rápido.

As pessoas têm a tendência para perderem o controlo quando são responsáveis por si mesmas. Todo nós temos o mau hábito de nos darmos um desconto se não cumprirmos com uma certa tarefa num determinado período de tempo, previamente estipulado. Pensa nos teus objetivos como se fosse o teu patrão a ditá-los. De certeza que não gostarias de falhar nos prazos estipulados por ele, por isso, porque é que o vais fazer a ti mesmo?

Se este truque mental não funcionar, grita o teu objetivo aos sete ventos. Deixar que as pessoas mais próximas de ti saibam o que tu queres dá-te uma certa pressão para o fazer, pois não os queres desiludir. O teu objetivo pode ser qualquer coisa, desde perder peso, acabar o curso, começar um passatempo novo. Não só te vais sentir mais seguro, mas os teus seres mais queridos vão poder apoiar-te e encorajar-te a realizar o teu objetivo secreto.

A este ponto, ter prazos para objetivos a largo prazo pode não ser suficiente. Objetivos grandes podem ser demasiado para ti, pois levam um grande período de tempo a serem concretizados, por exemplo, fazer um mestrado. Para lidar melhor com isto, divide o teu objetivo principal em objetivos mais pequenos. No caso de estudos, pensa num semestre ou numa aula de cada vez. Para outro tipo de objetivos, senta-te e faz uma lista de tarefas que precisam de ser cumpridas para atingir esse objetivo final. Por exemplo, se queres inventar alguma coisa, não é possível simplesmente criares uma coisa nova da noite para o dia.

Para alcançar este objetivo vai ser necessária uma planificação cuidadosa e uma coordenação minuciosa com outras entidades, para conseguires patentes, protótipos e produções corretamente. Enquanto isto pode parecer muita coisa para pensar ao mesmo tempo, começa com as tarefas mais pequenas e mais urgentes de conseguir terminar. De repente, os problemas tornam-se fáceis de resolver e, um por um, as tarefas são realizadas e ficas mais perto de cumprir o teu objetivo final.

Enquanto que estes objetivos são muito mais abrangentes, aplicar estas mesmas técnicas e tarefas do dia a dia é extremamente efetivo. Fazer uma lista de "coisas a fazer" é meio caminho andado, criar uma linha de tempo para cumpri-las vai fazer com que tudo aconteça. Mesmo que seja uma lista de tarefas domésticas, há sempre uma satisfação interna ligada ao cumprimento das mesmas. Imagina que num Sábado tens de ir ao banco, à mercearia e limpar a casa. Em vez de demorares o dia todo para fazer tudo isto, faz uma plano de modo a que esteja tudo pronto de tarde, para que consigas aproveitar o resto do dia a fazer algo que gostes. A tua folga não tem de ser passada em tarefas domésticas. Aperta o cinto, põe-te a mexer e acaba com tudo rápido.

Aqui está o teu plano de ação. Pega no horário que elaboraste e anota a quantidade de tempo que queres perder a realizar cada uma das tarefas. Por exemplo, se achas que não precisas mais do que uma hora para elaborar um relatório de vendas, agenda-o entre as nove e as dez da manhã e compromete-te a tê-lo pronto. Melhor ainda, marca uma reunião com o teu patrão para discutir resultados um pouco depois das dez, para adicionar um pouco de pressão. Lembra-te de que queremos pressão positiva, não stress. O objetivo não é apressar-te, mas planificar uma quantidade de tempo razoável para determinada tarefa, sem que te distraias, para depois avançares para a seguinte.

Vais ver que não importa quanto tempo dás para a realização de uma certa tarefa, vais sempre cumpri-la no prazo proposto. Se te deres duas horas em vez de uma, estiveste a procrastinar durante metade desse tempo, me vez de seres produtivo. Faz parte da natureza humana.

Começa a cronometrar o teu tempo. Uma vez que tenhas o período de tempo estipulado, põe-te à prova. Se calhar ainda não tinhas dado conta de que sem distrações e sem divagar sobre o relatório, podias acabá-lo em meia hora. Dar-se conta deste enorme potencial torna-se numa ferramenta insubstituível no aumento da produtividade e no cumprimento de tarefas.

Recompensa-te cada vez que atingires pequenos objetivos. A vida é muito melhor quando se celebram pequenos sucessos. Não sejas um mártir do teu próprio sucesso. Mesmo que faças pequenos sacrifícios para alcançar os teus objetivos. Imagina que estás a tirar um curso, podes celebrar cada vez que tiveres uma boa nota num exame para o qual te fartaste de estudar.

Dar-se conta e celebrar pequenos eventos dá-te uma grande motivação para continuar. Assegura-te de que as pessoas à tua volta também sabem que cumpriste com um objetivo. Mesmo que a modéstia seja uma boa qualidade, se ninguém souber dos teus feitos, podes sentir-te desmotivado ou mesmo chateado que não te felicitem por uma tarefa bem realizada. Isto pode parecer um pouco egoísta, mas há muita gente que se farta de pedir reconhecimento, principalmente através das plataformas de social media. Não tenhas medo de pedir reconhecimento, tu mereces.

Estabelecer prazos é uma ferramenta valiosa e, como criaturas de hábito, vais habituar-te a trabalhar sob este tipo de pressão positiva. Assegura-te simplesmente, que te dás períodos de tempo razoáveis e que consigas cumprir. Demasiada pressão e stress só te vai desmotivar.

Capítulo 5: Simplifica a tua rotina

Há algumas coisas que, simplesmente, têm de acontecer todos os dias. Tens de lavar os dentes, comer e dormir, entre outras coisas. Esta lista de rotinas pode, facilmente, levar imenso tempo. Já que não podemos deixar de as fazer, a nossa única opção é simplificar o processo.

Antes de mais, vamos falar de higiene pessoal, a rotina que, geralmente, leva mais tempo. Todos temos uma rotina matinal para nos prepararmos para um novo dia. Isto, normalmente, inclui tomar banho, vestir, pentear, lavar os dentes. Pensa na tua rotina. Fazes tudo isto ao mesmo tempo, ou aos bocadinhos enquanto que tentas preparar o pequeno almoço, arrumar a mala e beber um café? No total, quanto tempo é que realmente demoras a arranjar-te? Quinze ou vinte minutos, talvez? Prolongar o processo indo e voltando mil vezes da casa-de-banho é uma perda de tempo, e durante a vida, pode ser demasiado tempo perdido.

Recupera um bocado desse tempo concentrando-te, primeiro, na tua rotina higiénica. Toma banho, penteia-te, lava os dentes e tudo o que for preciso antes de sair da casa-de-banho. Uma vez que estiveres pronto, faz tudo o que tiveres a fazer na cozinha antes de passares a outra coisa. O tempo que ganhas se deixares de andar de um lado para o outro sem sentido vai ser muito valioso. Sem falar de que, o comportamento de andar a saltar entre tarefas deixa-te o cérebro confuso, fazendo com que deixes coisas incompletas, ou mesmo, por fazer, sendo necessário voltar atrás e recomeçar. Isto, não só é uma perda de tempo, coo te deixa perdido.

Muita gente tem problemas em cozinhar e preparar refeições, daí a corrida aos restaurantes de fast-food que se gerou nas últimas décadas. Estes negócios focam-se nas pessoas que andam sempre cheias de pressa e não têm um segundo a perder. Antes de mais, estas pessoas provavelmente teriam mais tempo se estivessem a seguir os conselhos deste livro. Depois, podiam beneficiar se fossem um pouco mais criativos com a sua dieta. Perder um minuto a deixar comida a cozinhar significa que quando chegas a casa tens o jantar quase pronto. Não te preocupes, aquela rotina matinal simplificada vai deixar-te com muito mais tempo para isso. Serviços de refeição ao domicílio também estão disponíveis. Há também empresas que te levam a casa os ingredientes que precisas para cozinhar uma determinada refeição. É verdade, ainda vais ter de cozinhar, mas não precisas de perder tempo em ir às compras.

Não te esqueças de que comer bem é importante neste processo. Preparar um almoço saudável de manhã é muito mais fácil do que fazê-lo na noite anterior. Se preparar uma sandes à noite não é bem a tua cena, usa os restos do jantar. Cozinha o suficiente ao jantar para que possas preparar uma marmita para o dia seguinte. Tens de lavar a louça do jantar na mesma e preparar um tupperware não demora nada.

Faz um favor à tua mente e ao teu horário e concentra-te numa coisa de cada vez, acabando o que estás a fazer antes de avançar para outra coisa qualquer. Isto refere-se a qualquer coisa desde preparar relatórios no trabalho, higiene pessoal ou mesmo as tuas viagens do dia-a-dia. Assegura-te de que tudo o que tens de fazer é feito rápida e eficazmente de modo a que percas o menos tempo possível. Se tiveres de sair de casa por qualquer motivo, pensa em tudo o que tens de fazer fora e resolve-o de uma vez. Isto pode salvar-te uns minutos a cada dia.

Antes de ignorares estes pequenos minutos, toma um minuto para pensar quanto tempo isto pode ser a longo prazo. Cinco minutos diários durante um mês representam mais do que duas horas, durantes as quais poderias fazer alguma coisa para a qual nunca tiveste tempo. Ainda mais, assim que a tua rotina matinal for simplificada, usa esta mesma técnica noutras áreas da tua vida, adicionando uns minutos livres aqui e ali. No final, podes mesmo até ter tempo para umas férias!

Também é provável que tenhas tarefas diárias no local de trabalho. Se trabalhares em retalho e precisares de contar dinheiro todos os dias, ou tiveres de enviar relatórios de vendas ao quadro de empresa no final de cada dia. Procura formas de simplificar estes processos para que estes tomem menos tempo durante o teu dia. Cria uma folha de cálculo para facilitar a tua organização. Escreve o teu relatório no computador, diretamente, em vez de fazeres um rascunho manual. Faz tudo o que for preciso para poupar tempo, desde que o faças bem.

A coisa boa do trabalho é que tens colegas. Enquanto que eles podem ser um pouco contra produtivos, também podem ser uma grande ajuda. Se estiveres numa posição de autoridade, podes delegar tarefas. Muita gente tem dificuldade em delegar tarefas que eles próprios poderiam, facilmente, realizar, como um relatório. Sim, poderias fazê-lo tu se for relativamente fácil. Mas se ensinares outra pessoa a fazê-lo, é uma coisa mais que podes apagar da tua lista de afazeres, levando a uma maior produtividade em coisas que realmente importam. Sempre que possível, delega trabalho.

O mesmo funciona em casa. Pais muito ocupados têm, frequentemente, problemas e encontram-se com dificuldades na hora de realizar todas as tarefas domésticas, alimentar e arranjar toda a gente. Pais de crianças ais velhas esquecem-se, por vezes, que podem e devem delegar algumas das tarefas mais simples aos filhos. Isto, não só tira da lista de afazeres coisas como ir levar o lixa à rua ou lavar a louça, mas também faz com que as crianças se tornem mais responsáveis. Sê inteligente e utiliza os recursos que tiveres à tua volta. Se os teus filhos forem pequenos ou viveres sozinho, pensa em contratar alguém para limpar por ti. Avaliar se vale a pena o dinheiro gasto é fácil. Qual é o preço que dás ao teu tempo? Por exemplo, quanto recebes por hora? Se é mais do que o teu investimento numa doméstica, porque não? O tempo extra que não perdeste a limpar pode

converter-se em horas de trabalho, por exemplo.
Senão tiveres a certeza por onde começar, faz um inventário do teu tempo. Durante um par de dias, avalia onde estás a gastar mais tempo. Demoras uma eternidade de manhã, ou é levar as crianças aos treinos que te ocupa mais tempo? Há alguma forma de que eles estejam onde têm de estar, sem que tenhas de te esforçar tanto? Aproveitar-se um bocadinho das boleias divide a responsabilidade entre todos e alivia a pressão individual.
Talvez a maior perda de tempo seja nos trajetos para o trabalho e no regresso a casa. Para muito, uma hora de viagem é o normal. No entanto, ida e volta, essa hora já são duas num dia, dez numa semana e quarenta num mês. Uau, isso é uma semana completa de trabalho perdida em viagens, num mês. Isto parece mesmo um desperdício de vida. Pensa em quantas outras coisas poderias fazer nesse tempo, ou simplesmente, ter mais tempo livre.
Talvez, ir de transportes públicos fosse melhor para aproveitar o tempo. Em vez

de estares a conduzir, poderias fazer telefonemas, ou simplesmente relaxar, em vez de te estares a stressar no meio do trânsito. Mesmo fazendo isto dois ou três dias durante a semana, quando tens a certeza de que tens tempo de apanhar o autocarro, já conseguirias poupar algum tempo. Se conduzir é a tua única opção, usa o teu tempo para aprender e ouve webinars e audiobooks. Toda a gente beneficia em aprender coisas novas, que tenham a ver com o trabalho ou com algum assunto que te interesse em particular do qual queiras saber mais. Isto significa mais produtividade e eficiência.

Poupar tempo nas pequenas coisas, tais como na tua rotina diária, pode não parecer muito frutífero, mas, se esse tempo for utilizado positivamente, tal como cinco minutos de meditação, quando tiveres tempo, os benefícios vão surgir. Enquanto que poupar tempo pode ser divertido, num começo, assegura-te de que não te tornas paranoico. Lembra-te de que aquele tempo e energia poupados fazem parte de uma estratégia de gestão de tempo, e toda a gente tem a tendência de abusar do que é bom. Não deixes que a possibilidade de mais tempo livre te afaste das tuas responsabilidades, tais como socializar com os teus amigos.

Capítulo 6: Evita distrações

Sejamos honestos, há distrações em cada esquina. São praticamente inevitáveis, e nós só podemos tentar dar o nosso melhor para não cair na tentação. A distração tem inúmeras formas, mas parece que aquela que é criada pelas novas tecnologias causa a maior perda de tempo. Os social media e email são os maiores fatores de desperdício de tempo, especialmente durante o trabalho. Isto significa, literalmente, que podias fazer o dobro do trabalho se limitasses o uso destas distrações digitais.

Parar com isto pode ser muito difícil. O que os inventores da internet não estavam à espera era que o povo fosse rápida e inconscientemente ficar viciado nos seus dispositivos e no que passasse nos seus ecrãs. Limitar os momentos em que verificas o Facebook ou Twitter tem de ser uma decisão consciente e, num princípio, vai precisar de muita força de vontade.

Cria esta regra simples: Não uses social media no horário de trabalho. Não uses o computador do trabalho para isto. Isto vai fazer com que o hábito de estar tanto tempo nas redes socias diminua. Se o teu computador de trabalho for só usado para isso, vais ter uma menor tentação de andar a navegar. Se não tiveres um negócio próprio, põe-te no lugar do teu patrão. Como te sentirias se soubesses que os teus empregados desperdiçam horas do seu trabalho a procrastinar nas redes sociais? Provavelmente, não ficarias contente. Mesmo que ele nunca venha a saber, deveria pesar-te na consciência estar a desperdiçar o seu dinheiro.

Deixa as redes sociais para os intervalos, se tiver mesmo de ser. Honestamente, as redes sociais não só afetam a produtividade profissional, mas também não permitem interações com pessoas reais, cara a cara. Como seres humanos, necessitamos de contacto social para nos sentirmos felizes e importantes na nossa vida. Com o facto de termos internet e acesso às redes sociais a qualquer momento, problemas como a depressão e solidão despoletaram. Não é de admirar,

pois a imensa onda de informação geral e social, faz com que a necessidade de falar com alguém diminua. Tudo o que precisas saber, incluindo o que o teu amigo comeu ao pequeno almoço, está disponível online.
Em vez disso, passa algum tempo real com a tua família e amigos. Faz planos para ver as pessoas, ou pelo menos telefona-lhes. Não só vais aumentar as tuas ligações pessoais e profissionais, como vais sentir-te mais confiante e energético, o que se vai refletir na tua produtividade.
Outra enorme perda de tempo é a televisão. Se tivesses de responder, honestamente, quantas horas por dias passas a ver televisão ou a ver pelo canto do olho a tua série favorita? O que é que, realmente, ganhaste com isto? Sim, relaxar um pouco à frente da TV depois de um dia longo de trabalho pode ajudar-te a espairecer, mas se em média as pessoas vêm seis horas de televisão por dia, não admira que não tenham tempo para mais nada.

Bom, é tempo de mudar. Para começar, estuda quanto tempo perdes nas redes sociais e com a televisão durante um par de dias. Isto vai ajudar-te a perceber quanto tempo andas a desperdiçar. Porque, honestamente, a não ser que estejas a ver alguma coisa que esteja diretamente relacionada com o teu trabalho ou que te vá beneficiar a nível pessoal, é uma perda de tempo.

A seguir, começa a cortar. Infelizmente, os medias tornaram-se, de alguma forma, num vício. Tal qual um vício em álcool ou drogas, pode ser muito complicado perder um velho hábito e substituí-lo por um novo. Isto vai necessitar de dedicação, mas tu consegues! Começa devagar e, rapidamente, vais aperceber-te de que estás a ficar mais produtivo, e vais gostar de como te vais sentir. Um benefício da produtividade é que reduz o stress, já que vais ter tudo pronto antes das datas limite. Para a maioria das pessoas, a televisão é a única coisa que está entre elas e a produtividade.

Se tens andado a evitar as tuas tarefas matinais no trabalho e andas a divagar nas redes sociais, estabelece o objetivo de concluir pelo menos uma das tuas tarefas antes de andares à procura de atualizações de perfis. Isto vai fazer com que comeces a cortar no vício, em vez que andares a não fazer nenhum. Enquanto isto parece parvo, infelizmente, é verdade. Devagar, começa a cortar no tempo que dedicas às redes socias, para que chegues a um ponto em que só as verificar nos intervalos. Se te sentires tentado, cancela as subscrições. Vais sentir-te perdido durante um tempo, enquanto procuras outra coisa para fazer todas as noites, em vez de ver televisão. Não te preocupes que tu consegues, e às vezes uma medida mais trágica é a única forma de aprender.
Desativa as redes sociais no computador. As tarefas simples podem demorar eternamente se estiveres perdido entre trabalho e distração. Vê o teu e-mail duas ou três vezes por dia e não sempre que te aparece uma notificação de novo email. Para eliminar a tentação, desliga a

notificações de email no computador e telemóvel. O mesmo para o telefone se este tocar quando não deve. Ativa o modo silencioso, termina q eu tens a fazer e depois vai vendo as tuas mensagens ao longo do dia. Já que o email necessita de muito tempo, não importa a altura do dia, evita vê-lo de manhã. Acaba a tua tarefa prioritária antes de pensares noutra.

Antes de que a internet e a televisão existissem, também havia distrações, e estas não podem ser ignoradas. No que diz respeito ao trabalho, os colegas são, normalmente, a maior distração. É fácil ver-se apanhado numa sessão de coscuvilhice e um pedido de ajuda. Assegura-te de que fazes o teu trabalho primeiro e põe limites saudáveis aos teus companheiros, quando for necessário. Se sentes que a maioria do teu dia é passada na letra com os teus colegas ou que há uma negatividade no ar, põe um ponto final nisso.

A negatividade tende a levar tempo, mas se parares a tempo uma pessoa que gosta de coscuvilhar, a perda de tempo vai ser bem melhor. Nada de preocupante, não precisas de ser mal-educado. No início, vais ter de dar um pouco de trela aos teus colegas. Simplesmente ouve o que eles têm a dizer, mas não alimentes a conversa. Essa pessoa vai começar a perceber, provavelmente, de uma forma inconsciente, que não acrescentas nada à coscuvilhice que eles andam a tentar descobrir e vão, aos poucos, mudar o tipo de conversa que têm contigo. Este é um bom momento para praticar ser positivo. Se o teu parceiro de fofoquice está com um tema mais pessimista, tenta mudar o assunto para algo mais ligeiro.

Em vez de te queixares sobre outro colega, pergunta como foi o fim-de-semana, ou que planos têm para o próximo. Qualquer coisa que seja mais positiva. Isto pode ser um passo para avançar na tua carreira, também. Pessoas que se dão bem com toda a gente no escritório têm tendência de serem os primeiros a serem promovidos. Ser sentirem que andas a falar mal de toda a gente pelas costas, isto só mostra falta de qualidades de liderança e carácter, imprescindíveis numa situação de promoção.

Se for preciso diz a esta pessoa, de uma forma mais direta, que tens trabalho para fazer e se eles sentirem que precisam de consultar algo contigo, marca uma reunião. Segue o teu horário. De certeza que não reservaste tempo para conversa da treta ou para que o teu colega te vá azucrinar. Se isto for uma constante, impõe limites. Para fazê-lo de uma forma fácil e não agressiva, simplesmente informa as pessoas de que tens prazos a cumprir e que se estão sempre a interromper-te vão comprometer o teu trabalho. Horas de "atendimento ao público" são úteis, muitas vezes os professores fazem isto. Assim, as pessoas podem aparecer nas horas especificadas sem estar sempre a interromper-te durante as tuas horas mais produtivas.

Podes ainda ter outro tipo de distrações que não foram aqui mencionadas. O eu quer que seja, toma uma decisão consciente para a limitar. Normalmente, há soluções simples para as reduzir, só tens de as identificar e trabalhar para encontrar a melhor solução para ti. Faz com que isto seja fácil para ti e descobre quais são s tuas distrações ao longo de um dia. Isto, pode ser uma distração durante um par de dias, mas escreve tudo o que te distrai. Descobre qual é o teu ponto fraco e começa a trabalhar nele.

Capítulo 7: Planifica

Ser proativo nas várias áreas da tua vida vai poupar-te uma quantidade de tempo incrível, e vai aumentar a tua produtividades, em geral. Vamos pensar num exemplo muito simples. Imagina que sais da cama mais tarde, corres para fora de casa sem sequer olhar para o teu calendário, ou para a previsão meteorológica do dia. Enquanto chegas ao local de trabalho à pressa, os teus companheiros preguntam-te o que estás ali a fazer. A tua primeira reunião era do outro lado da cidade e já estás atrasado. A reunião é no centro da cidade, que está sempre uma confusão onde há pouco estacionamento e caminhar é a única opção. Como não deste conta do aviso amarelo para chuva, começa a chover e ficas todo encharcado antes da reunião.

Acredita, que estas não são as maiores desgraças que podem acontecer durante o dia, e no final do dia, andar com sapatos molhado durante umas horas só te ensinaria uma grande lição. Infelizmente, esta pequena lição pode ser aplicada em tudo na vida. Se tivesses pensado com tempo tinhas-te preparado melhor. A vida dá-te sinais do que está para acontecer, na maioria das vezes, e só depende de ti estar atento a esses avisos, ou não.

Antes de mais, vamos discutir proatividade no campo da saúde, a prevenção. Hoje em dia, as pessoas acodem ao medico de família e a outros especialistas para exames rotineiros. Isto é relativamente recente, já que as gerações mais antigas iam ao médico quando contraiam uma doença e esta já estivesse num ponto intolerável. Enquanto que esta geração poderia dizer que era mais forte e que não deixava que as pequenas coisas a afetasse, todos sabemos que muitas vezes os pequenos problemas se tornam gigantes se não forem controlados.

Para que a prevenção de doenças funcione corretamente, devemos guardar, nas nossas agendas ocupadíssimas, tempo para visitar ao centro de saúde, fisioterapeutas e nutricionistas, para melhorar a nossa qualidade de vida.

Enquanto uma visita ao médico só acontece umas vezes por ano para uma revisão rápida, há muitas coisas pequenas que podemos fazer no dia-a-dia como medidas de prevenção. Os pontos número um e dois dessa lista são comer bem e fazer exercício.

Manter o teu corpo no seu auge através de uma boa alimentação e desafios físicos é a melhor forma de evitar doenças crónicas como ataques cardíacos, diabetes, doenças cardiovasculares, que são algumas das causas de morte mais frequentes. Pensa nisto desta forma: se estás a ler este livro é porque te preocupas com produtividade e eficiência. Se fores atacado por uma doença que pode ser prevenida, pensa na quantidade de tempo que vais perder na reabilitação e cuidados médicos, isto é, se sobreviveres para contar a experiência.

Adicionar trinta minutos de exercício diários e usar uma hora do teu tempo para planificar refeições saudáveis parece uma troca justa se pensares na quantidade de anos produtivos que poderás acrescentar à tua vida. Quanto mais cuidares de ti mesmo, mais tempo o teu corpo te vais servir. Um corpo é como um carro, é o veículo com o qual te podes mover. Se o deixares apodrecer, boa sorte em conseguir que ele funcione de novo. A tua saúde deve ser a tua prioridade número um, por isso é de extrema importância encaixar estas pequenas coisas na tua rotina diária.

Se, simplesmente, achares que não tens tempo, arranja tempo eliminando da tua agenda algo que não te serve de nada. Para muita gente, cortar uma hora de TV por dia é mais do que suficiente. Se já trabalhas demasiadas horas, considera fazer chamadas de conferência e reuniões online no ginásio. As novas tecnologias deram-nos a possibilidade de trabalhar em vários locais, por isso quem disse que não podes estar reunido ao mesmo tempo que corres na passadeira ou andas de bicicleta? Ainda melhor, é mesmo reorganizar o tempo para que o tempo de ginásio seja só teu. Os benefícios mentais de desconexão durante o exercício físico são comparáveis à meditação.

Planificar com antecedência more ser feito de uma forma mais correta. Fora do teu horário diário, organiza previamente alguns meses ou um ano. Por exemplo, se tiveres o teu próprio negócio, dá uma olhadela aos teus gráficos financeiros dos últimos anos. Há alguma época do ano durante a qual as vendas diminuem? Tens alguma época de pico de vendas? Planifica-te com tempo e contrata empregados extra durante a época movimentada, e planifica algumas das tarefas para as quais nunca tens tempo na época baixa do negócio. Vais surpreender-te com a quantidade de tempo que é desperdiçada enquanto se espera que o negócio avance. Usa esse tempo organizando eventos estratégicos, particularmente eventos de marketing, para conduzir o negócio e para te manter ocupado.

Planificar-te com tempo também devia fazer parte da tua rotina diária. Igual ao desgraçado que se esqueceu de verificar o tempo antes de sair de casa, todos deveríamos prestar atenção aos obstáculos externos que podem complicar o nosso dia. O tempo é um deles, por isso assegura-te de que vês as notícias locais ou descarregas uma aplicação de meteorologia, para estar ao tanto do que se vai passar.

No trabalho, assegura-te de que sabes o que todos andam a fazer. É muito fácil tomar contar só do que tu tens de fazer, mas se souberes com antecedência que alguém se está a atrasar com o que tem de fazer, já podes cotar com que o teu patrão te peça uma ajuda, naquele caso. Se não tiveres noção de nada disto, vais ser apanhado de surpresa e sentir-te desorganizado. Em vez disso, prevê estas situações e, inocentemente, sê o herói que salva o dia.

No final do dia, escreve quais são as tuas prioridades para o dia seguinte. Mesmo as pessoas mais produtivas têm coisas incompletas na sua lista de afazeres. Tarefas inesperadas podem surgir e problemas urgentes empurram situações menos importantes para o lado. Quando o dia termina, faz um inventário rápido do que ficou por fazer e faz uma nova lista para o dia seguinte. Assegura-te que a tua maior prioridade está no topo da lista. Isto pode ser algo que, gostes ou não, deve ser feito quando estás fresquinho e acabado de acordar.

A vida está cheia de surpresas inesperadas, tanto boas como más. Prevenindo e sendo proativo naquilo que podemos controlar, coloca-nos numa melhor posição para lidar com o inesperado. Mais vale prevenir que remediar.

Capítulo 8: Acorda mais cedo

Há uma solução muito simples para o problema da falta de tempo. Sai da cama mais cedo. Se alguma vez leste um artigo sobre as chaves para o sucesso, há sempre uma menção ao facto de se acordar cedo. Na realidade, muitos empresários e milionários dizem acordar tao cedo como às quatro da manha para começar o dia em grande. Isto soa horrível, por isso começa por acordar meia hora mais cedo
A segunda parte desta equação é usar o teu tempo extra com um propósito. Em vez de seres mais lento a tomar o pequeno-almoço, realiza a tua rotina como sempre, e depois faz algo produtivo nessa meia hora extra. Muitos dos que se levantam cedo, usam essa meia hora para exercitar. Podes chegar à conclusão de que esta é a melhor hora para ir passear o cã ou andar de bicicleta, já que metade desse tempo vai ser usado em acordar, propriamente dito. No momento em que o exercício está feito, já te vais sentir acordado e fresquinho.

Tenta acordar e fazer exercício logo de seguida, se bem que um treino pesado pode ser demasiado intenso de manhã, tanto para o corpo como para a mente. Mas quem sabe, isso pode ser exatamente o que tu precisas para arrancar motores para o dia que se aproxima. Se qualquer tipo de exercício for extenuante, pela manhã, experimenta meditar. Limpar a mente cedo, deixa-te com a disponibilidade mental perfeita para o resto do dia.

Este tempo também pode ser utilizado para preparar o dia que tens à frente. Em vez de andares a correr porta fora, vais ter mais tempo para preparar um bom almoço ou lavar a louça do pequeno-almoço. Enche uma máquina da roupa ou lê os teus emails. Muita gente detesta fazer tarefas domésticas depois de um longo dia de trabalho. Tratar de algumas destas coisas quando estás fresquinho pela manhã vai poupar-te o esforço, mais tarde.

Mesmo se achares que não estás a ser muito produtivo com o teu tempo extra, acordar cedo não é uma causa perdida. Pensa no teu último dia livre. Regra geral, a maioria tem os domingos livres e a conotação de um Domingo de Relax é normal, na nossa cultura. Inclusivamente, há canções escritas sobre este tema. Obrigado, Lionel Richie. Todos nos sentimos diferentes, mais relaxados. O resto do dia prossegue de acordo. Por isso, se não quiseres usar esse tempo extra em tarefas domésticas ou exercício, podes recriar o modo domingueiro, para que o resto do teu dia continue de uma forma mais relaxada. Menos stress e mais tempo para café é uma enorme motivação para ser mais produtivo.

No cas de acordar mais cedo, é fácil falar. Mais do que o que gostaríamos, o nosso corpo está habituado a acordar a uma hora específica a cada manhã. Nalguns dias, essa hora varia. Para começares uma nova rotina, dá tempo ao teu corpo para se ir habituando. Ativa o alarme cinco ou dez minutos mais cedo e dá, mais ou menos, uma ceda ao teu corpo para que se habitue a cada mudança. Se, simplesmente, começares a acordar mais cedo, é provável que te sintas esgotado ao final do dia. Pensa na última vez em que a hora mudou. Sempre que estamos na hora de verão, acordamos uma hora mais cedo. As primeiras duas semanas são um pouco perturbadoras para s nossos níveis de energia e produtividade correspondente. O corpo é muito sensível, por isso trata-o bem e tem cuidado com as mudanças de horário bruscas.

Podes ainda enganar o teu cérebro e facilitar a mudança de horário. Em vez de mudar a hora do alarme, muda a hora no teu relógio. Por exemplo, se são dez horas, muda para depois das dez. Quando acordares o teu alarme vai tocar à hora que querias, mas, na verdade, será dez minutos antes. Quando ainda estás meio dormido, o teu cérebro vai aceitar isto mais facilmente. Interessante.

Acordar mais cedo vai ser mais fácil se formes dormir a uma hora decente. Para ti, coruja que gosta de ver os emails durante a noite, pára já com isso. Como foi referido antes, desligar-se das tecnologias antes de ir dormir vai ajudar-te a adormecer mais rápido. Todos já ouvimos a conversa, desde que somos pequenos, de que dormir oito horas por sai é o ideal para estar fresco para o dia seguinte. Este conselho não mudou, e por uma boa razão. Ignorar esta regra de uma forma regular faz com que fiques desorientado, resmungão e, exatamente, improdutivo. Faz um favor a ti mesmo e pára de ser o mártir que tem de perder horas de sono a trabalhar. Quando deixas o local de trabalho, o trabalho acabou. Desconecta e conecta com os teus amigos, família e tarefas pessoais. Se trabalhas desde casa ou tens o teu negócio, isto pode ser mais difícil, mas criar uma separação entre a vida profissional e pessoal vai melhorar a tua qualidade de vida e, provavelmente, fazer com que vás dormir a uma hora em condições. Se sentes que não consegues viver sem aquele tempo extra de trabalho, tenta por umas semanas. Vais ver que, provavelmente, és mais produtivo durante o dia, terminando mais coisas, em menos tempo.

Precisas de mais provas? Estudos mostram que pessoas que acordam cedo são melhores gestores, são mais proativos, e podem prever mais rapidamente as suas necessidades a médio-longo prazo. Isto parece incrivelmente correlacionado com o que falamos no capítulo anterior. Quem acorda cedo também dorme melhor à noite e, normalmente, encontram-se em melhor forma física do que os que acordam tarde, especialmente se usarem aquele tempo extra para exercitar. Os benefícios que meia hora extra de tempo cada manhã pode trazer à tua vida são impressionantes. Se gostas de como te sentes quando acordas meia hora mais cedo, aumenta esse tempo, se achares bem.

Capítulo 9: Experimenta com a tua rotina

Não há duas pessoas iguais, por isso é impossível que todos tenhamos o mesmo horário. Enquanto muitos estudos mostraram a eficácia de todas estas ideias para aumentar a produtividade, temos de reconhecer que são declarações gerais. Nem toda a gente vai beneficiar de acordar cedo ou de criar um horário para eles mesmo. Mesmo que não fosse fácil encontrar estas pessoas, elas existem.

Temos tendência a fazer tudo da forma que nos foi ensinada. Neste caso, é provável que tentes pôr em prática as sugestões apresentadas neste livro, mas isto não é o ABC da produtividade. Nenhum documento literário o será. Em vez disso, pega nestas sugestões e dá-lhes o teu toque. Tenta coisas novas na tua rotina, decide se fizeram alguma diferença nos teus níveis de produtividade ou qualidade de vida. Se sim, mantém-no. Se não, tenta outra coisa.

Muitas vezes, timing é o maior fator. Não ignores a sugestão de incluir exercício na tua rotina diária se simplesmente não é bom para ti de manhã. Tenta ter um intervalo a meio do dia no qual seja possível incluir exercício. Sair ara um pouco de atividade e ar fresco vai ajudar-te a limpar a mente e a ganhar energia para o resto da tarde. Isto pode ser, justamente, a mudança que tu precisas para vencer a moleza pós-almoço.

Por falar nesta moleza, tenta ajustar o teu horário às horas nas quais és mais produtivo. Níveis de atenção e energia variam ao longo do dia e é melhor não tentar combatê-los de uma forma demasiado violenta. Infelizmente, por vezes, o teu patrão vai marcar uma reunião naquele período de tempo que é fatal para ti, mas tenta não agendar tarefas extenuantes para estas horas. Trabalha mais quando a tua concentração está no auge. Para muitos, este tempo é de manhã, mas vê o que é melhor para ti.

A produtividade perfeita é um alvo em movimento. Como há tantas variáveis que a afetam é importante reconhecê-las e implementar novos métodos de combate a estas variáveis, nas nossas vidas. Às vezes, podes simplesmente estar apaixonado por um novo projeto no qual tens de trabalhar e outras odiá-lo completamente. Isto pode significar que, até que este projeto termine, que não vais dar o teu melhor. O simples facto de te aperceberes disto, vai dar-te a força necessária para conseguir trabalhar da forma mais eficaz possível, de modo a que possas começar com algo mais interessante o mais rápido possível.

Por vezes, isto pode querer dizer que tens de abandonar um posto de trabalho por completo. Em qualquer carreira, fazer o mesmo vezes sem conta faz com que te sintas estagnado. À medida de que vamos adquirindo novas capacidades, vamos precisando de novos desafios. Empregos que te dão a oportunidade de crescer, de te desafiares e que te permitem desenvolver a tua criatividade são melhores opções, a longo prazo. Se sentes que o teu emprego atual fez com que a tua carreira parasse de avançar, não entres em pânico. Antes de pensares em sair, tem uma conversa honesta com os teus companheiros. Pode ser que haja outras oportunidades dentro da empresa. Isto pode ser tudo o que tu precisas para que a tua mente se sinta ligada ao trabalho, novamente. Os que te rodeiam não conseguem ler pensamentos. Não está escrito na tua cara que estás à procura de um novo desafio. Não tenhas medo de perguntar e está disposto a mudar se sentes que estás a entrar num beco sem saída.

Os níveis de stress também vão mudar os teus níveis de energia. Enquanto que podes estar a disfrutar do teu trabalho, se tiveres problemas em casa podes ter desvios de atenção. Pode ser que precises de um bocadinho mais de força de vontade para ter a cabeça no lugar. Tenta praticar meditação ou Yoga todos os dias para ajudar a acalmar a tua mente e a limpar o cérebro. Isto vai ajudar-te a andar para a frente durante os momentos mais stressantes.

Qualquer que seja a tua situação, aprende a lidar com ela. Não deves assumir de que uma vez que implementes todas estas ferramentas diariamente, que nunca mais vais ter de te preocupar com a tua produtividade. Todas estas variáveis mudam. Terás de experimentar novas atitudes e fórmulas para manter a tua mente e eficácia no auge.

Capítulo 10: Sê Flexível

A pior coisa que podes fazer é levar todos estes conselho à letra. Não vai ser nada benéfico, nem para ti, nem para os que te rodeiam, que sejas demasiado estrito com a tua rotina e horário. A vida tem uma forma engraçada de te pregar partidas, assim que pensas que tens tudo organizado. Planifica, mas não te esqueças que algo inesperado pode sempre acontecer.

Para que sejas produtivo no teu dia-a-dia, mantém-te flexível, isto é, tens de ser capaz de trabalhar em qualquer circunstância. Idealmente, o melhor é ter sempre um plano de ação, um horário bem definido e um lugar pacífico para trabalhar. Como sabemos, é bastante complicado conseguir esta combinação perfeita. Em vez disso, cria métodos para que te possas concentrar em qualquer ambiente.

O problema mais comum em qualquer local de trabalho é o barulho e as interrupções contínuas. Como vimos anteriormente, acabar com estas interrupções, criando um horário de atendimento, pode reduzir este problema de uma forma significativa. Entre isto e o telefone a tocar, vai ser complicado sobreviver o dia sem que aconteça alguma coisa. Isto não tem de diminuir a tua produtividade, desde que consigas voltar a concentrar-te rapidamente.

Pegar no que ficou por fazer antes de uma interrupção requer uma grande força de vontade. Primeiro, se fores interrompido, tenta não parar o trabalho até que termines o teu raciocínio. Por exemplo, se estiveres a escrever um livro, acaba a linha de pensamento antes de virar a tua atenção para outro lado. Não há nada pior do que perder a linha de pensamento, especialmente, se estiveres a escrever.

Escreve, também, uma nota para ti mesmo, antes de parar. Pode ser uma nota curta, algumas palavras que te recordem e te façam voltar à linha de pensamentos que estavas a seguir. Não te esqueças de que é perfeitamente aceitável pedir a alguém que te interrompeu, de esperar um minutinho enquanto terminas o que estás a fazer.

Por vezes, não vais conseguir dar-te ao luxo de terminar o raciocínio. Imagina que o telefone toca e é alguém que tens tentado contactar, sem sucesso. Quase de certeza que não vais deixar a chamada ir para o voicemail e, automaticamente, paras tudo o que estás a fazer. Neste caso, voltar ao que estavas a fazer pode ser um pouco mais complicado, vais ter de te esforçar um bocadinho mais. Mas não desistas, esvazia a mente e recomeça. Fechar os olhos durante uns minutos, meditar e alinhar os pensamentos, vai ajudar.

Se o problema no escritório for o barulho, bloqueia o ruido. Usa auriculares, por exemplo. Música pode ser uma distração em si, por isso tenta ouvir sons genéricos tais como instrumentais ou sons da natureza. O som das ondas do mar vai minimizar as tuas distrações. Se o uso de auriculares não estiver autorizado, ou se estiveres em casa a tentar trabalhar enquanto que os teus filhos andam a correr de um lado para o outro, vais mesmo ter de te concentrar e usar toda a tua força de vontade.

E voltamos à meditação. Estudos demonstraram que meditação regular aumenta os níveis de concentração. A prática desta atividade centra-se na habilidade mental de se concentrar numa só coisa. Basicamente, quando meditamos, praticamos as mesmas capacidades que vamos utilizar ao tentar bloquear o ruído num ambiente barulhento. O cérebro continua a ouvir o ruído, mas sentimo-nos menos afetados e distraídos pelo mesmo. Mais um ponto para a meditação.

Mesmo que o mais recomentado seja meditar diariamente, podes simplesmente usar esta técnica quando necessitas de uma maior concentração. Uns minutos sentado e concentrado na própria mente, vai habituar o teu cérebro ao ambiente barulhento em que estás e, desta forma, podes fazer com que te consigas concentrar melhor no que estás a fazer. O objetivo é ouvir os ruídos, mas não reagir nem sentir nada do que está à tua volta.

A flexibilidade é indispensável em emprego que envolvem viajar. Um comercial pode apoiar esta afirmação. Muitas pessoas têm escritórios e cubículos para trabalhar o dia-a-dia. Comerciais costumam trabalhar no terreno e visitam diferentes clientes em locais distintos. Não há dois dias iguais, por isso têm de ser capazes de trabalhar em qualquer lugar. Também costumam ter mais pausas durante o dia. Por exemplo, uma pessoa pode ter vinte minutos entre reuniões e muito que fazer. Uma pessoa treinada pode saltar de uma tarefa para a outra rapidamente e fazer o mais que podem nesse curto período de tempo. Ficarias surpreendido com a quantidade de trabalho que pode ser feita em quinze ou vinte minutos!

Mesmo que não trabalhes na área comercial, é bom que comeces a aproveitar estes espaços de tempo. O melhor é manter uma listas que afazeres que podes ir completando quando tens estas pequenas pausas. Se calhar tens andado a pensar em aspirar o chão ou em enviar um e-mail a um cliente que não tens tido tempo para contactar. Tarefas simples como estas podem ser realizadas nestes intervalos, e não têm que ocupar a maior parte do teu dia.

Se o teu horário não te permitir este tipo de pausas, reformula-o. Imprevistos acontecem sempre, especialmente se trabalhares no terreno. Tens de contar com contratempos como o trânsito, por exemplo. Planifica estar em qualquer lado quinze minutos antes da hora. Num dia mau, esses quinze minutos podem salvar-te de chegar atrasado a uma reunião. Num dia bom, vais ter quinze minutos extra para enviar um par de e-mails ou rever a apresentação que tens de fazer. Não há sombra de dúvida de que estar preparado para uma reunião mostra que podem confiar em ti e que és responsável. Os que melhor usem as suas habilidades, chegarão sempre mais longe.

Ser flexível com projetos profissionais também te coloca num bom patamar.

Fazer só o que te foi descrito quando aceitaste o trabalho e recusar novos desafios vai mostrar que não és flexível. Em qualquer área, os empregados que acabam por ser promovidos, são aqueles que provaram que conseguem fazer muito mais do que o que lhes é pedido. Ser flexível traz oportunidades fora do normal e, quem o é, acaba por ser recompensado.
A flexibilidade é, na verdade, uma necessidade na hora de elaborar um horário. Sentir que estás presa uma rotina pode ser stressante e extenuante. O pensamento de ter sempre de fazer a mesma coisa, o mais rápido possível, vai diminuir a tua qualidade de vida. Lembra-te de que não vais dar o teu melhor se a tua mente e coração não estiverem no seu melhor. Ouve os teus instintos e muda de rotina sempre que achares necessário. Isto pode significar mudar a tua hora de exercitar, ou mudar de carreira.
Flexibilidade significa mudança. Não tenhas medo, sê curioso e aceita. Esta curiosidade vai trazer-te a oportunidade de novos desafios e aventuras excitantes

para manter o teu cérebro ativo, fresco e produtivo. É muito complicado estar motivado quando estás há imenso tempo a fazer o mesmo.

Conclusão

Obrigado por teres chegado ao fim de *"Truques de Gestão de Tempo"*. Esperemos que tenha sido informativo e que te tenha dado todas as ferramentas que precisas para alcançares os teus objetivos de aumento de produtividade.

O próximo passo é pôr alguma destas ideias em prática, incluindo-as na tuas rotina diária. Lembra-te de que a produtividades varia dependendo de uma série de fatores. É importante trabalhar durante momentos de motivação que tenhas, e usar algumas destas ferramentas quando necessário.

Para terminar, se achaste que este livro foi útil, de alguma forma, um comentário é sempre bem-vindo!

www.ingramcontent.com/pod-product-compliance
Lightning Source LLC
Chambersburg PA
CBHW071848070526
44583CB00016B/1596